佐野典代

平凡社

ものがたり 茶と中国の思想

三千年の歴史を茶が変えた

ものがたり　茶と中国の思想——三千年の歴史を茶が変えた

ものがたり　茶と中国の思想　目次

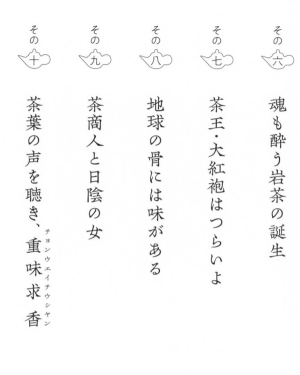

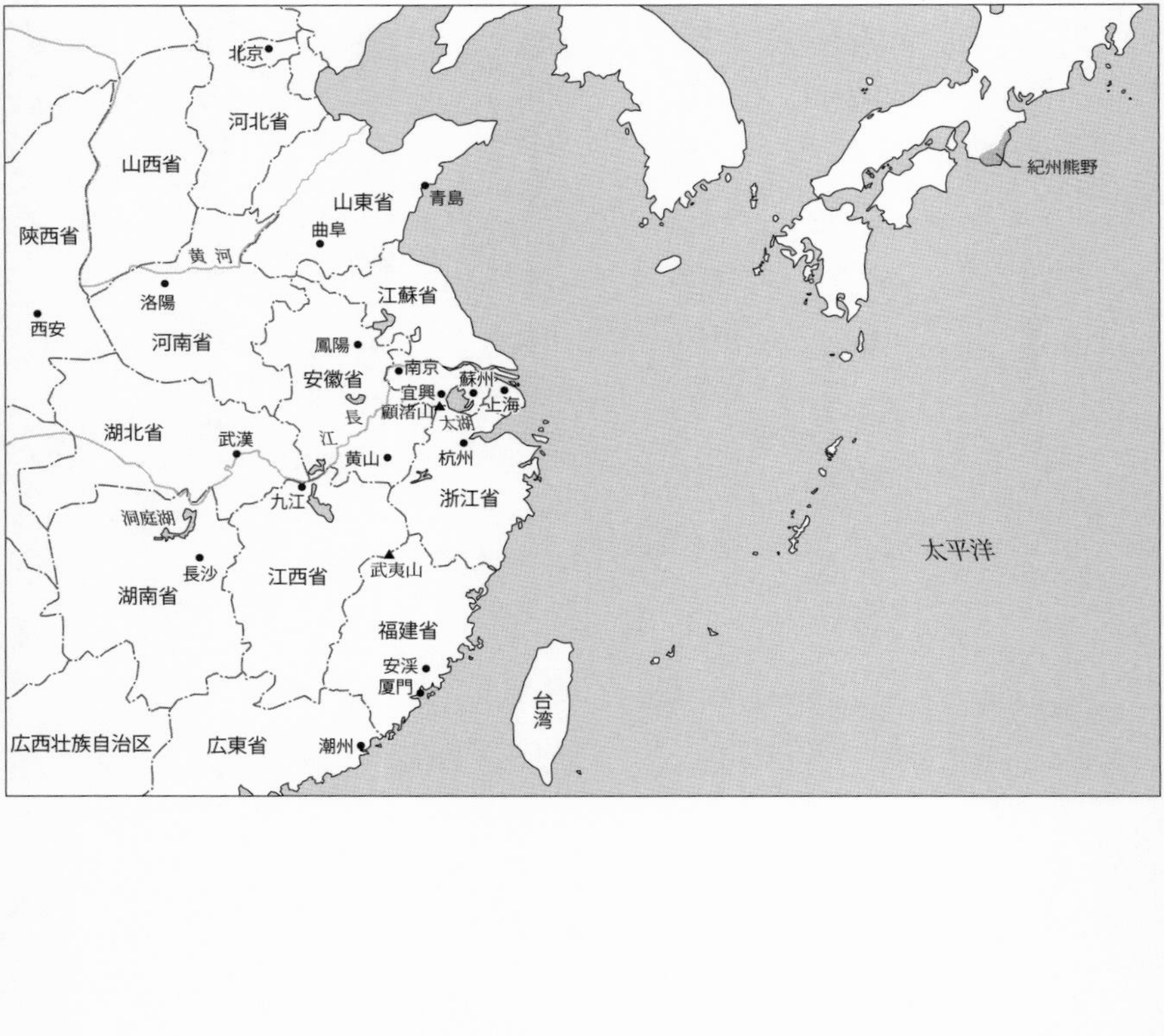
北京
河北省
山西省
陝西省
山東省
青島
曲阜
黄河
洛陽
西安
河南省
江蘇省
鳳陽
安徽省
南京
蘇州
宜興
顧渚山
上海
太湖
湖北省
武漢
長
江
黄山
杭州
九江
浙江省
洞庭湖
長沙
江西省
武夷山
湖南省
福建省
安渓
厦門
台湾
広西壮族自治区
広東省
潮州
紀州熊野
太平洋

その一

皇帝献上茶と不老不死

まだ人が踏み込まない、木々の枝はもつれ、触れ合う葉は、氷のかけらと連れ添って吹いてくる冷たい風にぱらぱらと音を立て、西の月が空の色に溶けて、早朝の光が、輝く玉のようにこぼれ落ちる顧渚山《こしょさん》山中を、陸羽《りくう》（？～八〇四）は茶の木を探して歩いている。

遠くから眺めると、丸まった女の背中のようなおっとりしたこの山で、中国最初の名茶「紫筍《しじゅん》茶《ちゃ》」と「陽羨茶《ようせんちゃ》」が発見されたという話が、世界最初の茶の本『茶経《ちゃきょう》』に出てくる。著者は、後年茶神《ちゃしん》と言われる陸羽だ。

顧渚山に育つ茶の新芽は紫色、葉の形はタケノコのようなので、紫の筍《たけのこ》の葉という印象が、茶の名前になった。

陸羽が最初に出会ってしまった茶が、現在なお緑茶の王者の座にあることからして、陸羽は茶に取り憑《つ》かれる運命の持ち主であったのかもしれない。

「この茶を皇帝に飲ませたい」

杭州の、ときの長官に提案した陸羽のこのひと言が、皇帝献上茶を誕生させることになった。そして「紫笋茶」と「陽羨茶」をブランド茶に格付けたのは、それから千二百年後の現代中国人である。

陸羽が皇帝に献上したいと希望したお茶は、いったいどんなお茶だったのだろうか。

わたしは「紫笋茶」か「陽羨茶」を飲んでみたくなり、一九九〇年の初夏、陸羽を虜《とりこ》にした茶の産地、浙江《せっこう》省の長興《ちょうこう》という地に行ってみた。

省都杭州の空港に着いたのは夕方で、中国人女性の通訳Yとバスに乗り、市内に向かう。

夕闇が外の景色を徐々に消してゆき、灰色から薄墨色に変化していく太湖《たいこ》の、深とした湖面の西側に、鶏卵のような黄身色の重そうな太陽が最後の輝きを放ちながら落ち、銀色の小さな丸い月が、高い空に浮かんでいる。

湖に沿って延びる広い道路を、バスは相当なスピードで走っていく。

人の通りそうもない夜の暗い道端で、イグサで編んだ畳表《たたみおもて》のような敷物を売る男が、ほどほどの間隔をとって、道路のはじに数枚広げて、まだ商売をしている。

「改革開放後は、どこでも見られる風景です。収入は個人のものになります」

Yが真面目な表情で言う。Yは公務員なので、給料生活者である。日本円で四千円から四千五百円の月給らしい。定年（専門職の女性は五十五歳、男性は六十歳）まで勤め上げれば、年金が給付されると言った。

イグサの敷物を売る男に、給料、年金はない。人通りの消えた道端で、暗くなってもまだ売ろうとしている。白いアンダーシャツ姿の男の顔が、通りすぎるバスを追いかけるように右、左へと動き、「買ってくれよ」と、乗客に声を投げているように見える。

一日に何枚売れるのだろう。イグサの茣蓙《ござ》を売るより、湖に沈んでいる太湖石を拾って売ったほうがいいんじゃない？　価値のある庭石になるんでしょ？　ボコボコ穴の開《あ》いた太湖石は高く売れるって聞きましたよ。

そんなことを呟《つぶや》いているうちに、バスはホテルに着いた。

皇帝献上茶第一号は、実はひとりの僧侶が杭州を治めている役人に自作の茶を寄贈したものらしい。

「これは貴重なものだ。みんなで飲むのがいい」

役人は顔見知りのお茶好きに声をかけ、人を集めた。茶は同じ重さの金に匹敵するという貴重品である。独り占めにしなかったその役人は、見上げた男だ。多分、中央から左遷《させん》された者だったのだろう。

中国茶の歴史において個性的な役割を果たした人たちの中に、左遷された官僚文化人が大勢いて、権力者と文化人の間には、〝架からない橋〟があった。権力者の急所を衝《つ》く頭脳も明晰な官僚文化人を、権力者は常に警戒しているからだ。

茶を飲みに集まった者の中に、若い陸羽がいた。

陸羽は僧侶がつくった茶の味に驚いて、

「皇帝に献上したら、お喜びになられるでしょう」と、屈託なく口走った。役人は陸羽の提案に

膝を叩いて賛同し、

「良いことを申された。皇帝に差し上げよう」と言い、献上したのだった。

ただちに顧渚山の麓《ふもと》に中国で最初の皇帝献上茶専用の茶製造所、貢茶院《こうちゃいん》が建てられた。七六六年ころのようだ。

皇帝献上茶第一号は「顧渚紫筍茶」と名づけられた。単に「紫筍茶」とも、あるいはそのあたりは古くは湖州と呼ばれていたので、「湖州茶」とも言った。

しかし正確には、顧渚山は現在の浙江省長興県と江蘇《こうそ》省宜興《ぎこう》市に跨《また》がっていて、浙江省側の茶を「紫筍茶」、江蘇省側の茶を「陽羨茶」という。が、陸羽のときはどちら側の茶も「紫筍茶」と呼び、区別していなかったので、皇帝献上茶第一号は、ふたつをまとめて「紫筍茶」と称していたと解釈したほうがいいようだ。

とにかく中国の歴代皇帝はお茶好きが多く、その伝統は唐代から清朝時代まで続くのであるから、質の高さと品種の多さにおいては世界一である。そして茶の立役者は皇帝と文人官僚であった。とりわけ左遷されて地方で暮らした文人政治家と陸羽の存在は、皇帝に劣らず大きかったのである。

陸羽のひと声から始まった皇帝献上茶は時を経て特別なお茶となり、茶の歴史を賑やかに飾り続け、お茶を豊かに発展させる原動力になったことは確かである。

繁栄の裏には、しかし影がついてまわる。茶も例外ではなかった。

皇帝献上茶登場の陰で、茶をつくる人たちの労働は過酷なものになってしまったのだ。

皇帝献上茶に端を発した名茶競争は、二十一世紀現在の茶の質と価格競争の最初の一歩になったと言っても過言ではない。茶の価格は生産者次第、稼げるときに稼いでおけ主義で、茶の品質を危うい軌道に乗せてしまう原因が、千三百年も前にあったのである。その背景には、興亡著《いちじる》しい歴史から学んだ庶民の逞《たくま》しい知恵があり、究極的には国家は信じられない幻のようなもの、という民族性があるのかもしれない。

中国の歴史を三千年前の昔に巻き戻してみると、皇帝が替われば、国が替わる。武力が国を入れ代わり立ち代わり替えていく歴史の連続が、中国だからだ。

赤く灯っていた電球が突然パッと消えるように、ひとつの国が消える。強国に細かく切り刻まれて、いつしか祖国の形がなくなっている。亡国の民は、それでも生きなければならない。不幸のどん底で、人びとはしたたかに逞しく、生活の知恵を身につけていかなければならなかったのだ。

国に翻弄されるのは、庶民ばかりではない。権力者の考え方に深い疑念と危うさを抱き、立ち向かった勇気ある文人政治家や思想家も、結局は権力、武力に潰《つぶ》されていった。

かくも目まぐるしくしたたかな中国民族の嗜好品が、なぜ酒ではなく茶だったのか。

中国の最高権力者は皇帝である。何もかも手に入れたが、いつ死ぬかわからない予感に常につきまとわれ、怯《おび》えているのも皇帝であった。

皇帝の最後にほしいものは不老不死。不老不死を目指す思想は、道教である。死なない命が王者である、と道教は説く。死なない命を獲得するための知恵を、道教は具体的に教えている。健康のまま千年も万年も生きたい、不死がほしい皇帝や権力者の願望と道教の不老不死思想が重なった。

中国人がなぜお茶を重用《ちょうよう》してきたか。そこに不老不死の思想があったからである。道教信者となった皇帝や権力者は、じわじわと体に効いていく仙薬・茶に、死なない命の望みを託した。

酒はたちどころに忘我の境地に連れていってくれるが、飲むほどに、体は壊れていく。酒の中毒は体を腐らせる。頭は朦朧《もうろう》とし、体は悪臭を放ち、舌は荒れて、味覚は鈍化する。酒が切れると手が震えて、書は乱れる。能筆は、中国において上に立つ者の絶対重要条件なのである。いつ敵に命を狙われるか警戒していなければならない皇帝や貴族は、体を腐らせて命を縮め、書が乱れる酒など飲んではいられない。

酒の対極にある茶は、どれほど飲んでも、中毒にはならない。それどころか体内の汚れを掃除し、細胞を健やかにして、陰陽《いんよう》の気の循環を正常に働かせる。だから茶は仙薬である。そう道教は教えている。

道教を信じ、永遠の命を求める皇帝たちが製造を命じ、発展させていった中国の茶は、権力者の飲みものとして始まったのである。不老の命を託す茶であるから、格式、形式はいらなかった。

日本の茶は中国から入ってきた。奈良、平安時代に、遣唐使が茶を持って帰ってきたが、宮廷から外に出ることはなかった。

茶が宮廷の外へ出たのは鎌倉時代である。鎌倉時代は武士社会である。日本の茶は、武士の茶として始まったのだ。

いかに死ぬか。散り際は桜のように鮮やかに。それが武士である。

武士は子どものころから、死ぬ形を教えられて育つ。教育者は厳格な父親であり、当時最も教養ある階層の人として崇められた僧侶たちであった。

武士社会における僧侶は、教養人である。寺院は当時の〝大学〟であり、仏教による精神を教え、茶の精神を教えた。寺院は〝茶大学〟でもあった。

中国（宋代）から鎌倉時代の日本に茶を持ってきたのは、日本臨済宗開祖栄西《えいさい》である。栄西の『喫茶養生記』の冒頭は「茶は養生の仙薬である」とある。仏教徒の栄西は、道教が唱える茶の効能を『喫茶養生記』にまとめ、記したのであるが、室町時代になると栄西の茶はいつの間にか忘れられ、足利義政が村田珠光《じゅこう》、武野紹鷗《たけのじょうおう》らと始めた殿中《でんちゅう》茶の湯からやがて千利休が現れ、僧侶や武士たちの精神修行の飲みものにされていった。健康を維持し、不老に向かって飲む中国茶に対し、日本の茶は、精神を磨く嗜好品となって広められたのである。

死なない命を求めた中国の皇帝、貴族とは対照的に、短い命を貴んだ武士は、死後の西方浄土を求めた。

鎌倉時代から幕末に至るまで、武士は仏教が教えるこの世の儚《はかな》さ、もののあわれを骨身に染《し》み込ませていた。一碗《いちわん》の茶に命の儚《はかな》さを託し、喫《の》んだのである。醒めた心を求める武士は、もののあわれの茶を飲んだ。冷え、枯れた茶を精神が好んだ。それが日本の茶であった。

戦国の世に完成させた千利休のわび茶は、武士の茶である。

秀吉が命じた利休の切腹（一五九一年）は、おそらく利休が求めたわび茶の精神を、命と引き換えに堅牢に完成させてしまったのではないだろうか。

腸《はらわた》を天に飛ばすが如く勢いよく割腹した利休の精神の底には、まぎれもなく武士の魂が居座っていただろう。

死への精神を一碗に託したのが、利休のわび茶なのだ。

茶を飲んでも、結局のところ人は死ぬ。悲しい生きものである。

死ぬ運命を背負っているが故に、中国の皇帝や権力者は執拗に茶に肉体の健康を求めたのだ。茶と不死の思想は、深く結びつく運命を担っていたのである。

中国茶も日本の茶も、どちらも「命」と深く関係しているのであるが、茶が語る中国人と日本人の死生観は、本質的に違っている。茶に何を託したかが違うからだ。

中国から日本に伝えられた茶なのに、道教に流れたか、仏教に流れたかが、中国と日本の茶の文化の違いをつくった。

それがふたつの民族の生き方の違いになったと、茶が語っている。

宋代の文人官僚で詩人の蘇軾《そしょく》は、こんなことを言っている。
仙人になれる丸薬など服《の》まなくても、
盧仝《ろどう》（隠者的暮らしを貫いた唐代の詩人で、茶が何よりも好きだった。?〜八三五）のように六碗も茶を飲めば、仙に通じることがわかるよ。
「仙」は仙人のこと、仙人への道は、道教の思想である。老子の思想が道教に変化していくのは六世紀ころ、北魏《ほくぎ》から隋《ずい》にかけてのようだ。儒学を丸暗記させる科挙《かきょ》試験に合格し官僚になった蘇軾だが、茶の道においては道教的匂いが濃い。

中国の仏教信者における茶は、あくまでも眠気を払う飲みものなのである。

現在の長興のどこかに、ある日、突然、皇帝献上茶になった「紫笋茶」あるいは「陽羨茶」はあるだろうか。

それを求めてこの地を訪れた翌日の朝、Yとホテルでお粥の朝食を摂《と》り、すぐに街を歩き回った。が、どこの茶店の人たちも、そのお茶を知らなかった。

わたしたちは木陰の下の、古びた木のベンチに腰掛けて、午後の強い陽光を避けながら、疲れた足を休めた。くしゃくしゃになりそうな体を一生懸命真っ直ぐにして、気力が逃げていかないようにしているわたしの首や頬を、湿気を含んだ重い風が何分かおきに舐《な》めていく。

「今はもうつくっていませんね」Yががっかりする。

「七〇〇年代のお茶ですもの、仕方がないわ」諦め切れない気持ちと、諦めようかという気持ちが半々のまま、わたしは応えた。

「そのお茶、どうして知りましたか」

「陸羽の『茶経』です。陸羽が書き残した世界最初のお茶の本です」

「いつ書きましたか」

「いろいろ説がありますが、七八〇年ころらしいわ」

「中国にはたくさんお茶があります。冬片《とうへん》というお茶を知っていますか」

「いいえ、どういうお茶?」耳新しいお茶の名前を聞くたびに、飲んでみたいと思う後ろから、茶を探し求めるのは、笊《ざる》で水を汲むような作業だよ、と陰の声が囁《ささや》く。

「冬と春の短い間の小さな芽を摘んで、お茶にします。とても贅沢なお茶です。少ししかできません。値段も高いです」

「品種に関係なく?」

「そういう特別な茶の木があります」

「そうですか! 飲んでみたいお茶が、またひとつ増えたわ」

「結婚するとき、親が持たせてくれます」と言って、Yはにこっと笑った。

「お茶を持たせて嫁がせる親なんて、日本にはいないわ。箪笥《たんす》やお金を持たせる親はいますけど」、そんな洒落《しゃれ》た風習が中国にあったとは! 箪笥相手に会話はできない。お金はありがたいけれど、トラブルの原因にもなる。しかしお茶は夫婦の会話を穏やかに弾ませてくれるだろう。

「冬片を持って結婚するのは、親の自慢です」とYが言った。

「どうして?」

「冬片のように良いお茶は、値段が高いですから」

「良いお茶を飲んでいる家は、お金持ちということ?」わたしはストレートに訊いた。

「ええ。でもお金持ちでも、お茶に興味のない人はたくさんいます」

「飲んでしまえば消えてしまうお茶を嫁ぐ娘に持たせる親の話は、心打たれるわね」

「お茶に手を出すと、勉強もお金も大変ですね」と、Yはわたしに同情するように、複雑な表情を見せた。

「初めてのお茶を飲んで感激したり、知らなかったお茶に出会ったり、終わりのない旅をしているみたい」

Yにはそうは言ったものの、寄る辺なき感覚に動かされているような、家族にはわたしのしていることがわからないようでお金を貸してはくれないし、水道代や電気代の心配さえしなければならなくなり、この道からは身を引いたほうが賢明かもしれないと消極的になる瞬間が幾度となくあり、自分を哀れにも愚かにも思ったものだが、しかし、これが、四十半ばのこれからのわたしの人生の旅の始まりなのだと、不思議なことだが、やめさせない何か別の力が働いて、わたしを動かしているようで、それまでの自分から逃げているのではないかと思ったこともあったが、そうではなく、何かまったく別のモノに入り込んでいるようですと、雲を摑《つか》むような話をしてもよかったのだが――。

「紫笋茶を見つけましょう」と、Yの落ち着いた意志のこもった口調に気圧《けお》されて、喉元《のどもと》でまごしていたツブヤキが一斉に向きを変え、胃の腑にドボンと落ちていったのだった。

「お茶は体に良いです。たくさん飲んでも肥《ふと》りませんから安心ですね」とYが言ったので、わたしたちは互いの腹部に視線を投げ、

「肥らないように注意しましょ」とわたしが言うと、Yはクスリと笑った。

「そろそろ行きましょうか」わたしは腰を上げた。

あちらこちらうろつき歩いていたとき、今までの店構えとはどことなく趣《おもむき》の違う店を、Yの目

がいち早く捉えたようであった。Yが責任感の強い女性であるのは出会ってまもなく感じてはいたが、仕事上の責任感であったとしても、その責任感がカンの良さにもなっているようであった。若いYはさっきの休憩で疲れが抜けたのかスタスタ歩き、わたしより先にその店に入っていった。わたしも足を速め、後に続いた。

商品はたいして並んでおらず、店内も明るくはなく、商売に熱を入れていない印象だ。

「紫笋茶、ありますか」Yが店の初老の男に訊いた。

「紫笋茶？　探しているのか」

店の男の言い方が、ぶっきらぼうに聞こえた。中国人は愛想良く客に接するのが不得手なのか、その必要がないのか。目つきや口ぶりからでは、あるのかないのか、日本人のわたしは見分けがつかない。

「わたしの友だちがそのお茶を飲みたくて、日本から来ました」

わたしを友だちと言ってくれた。そのように言うほうが中国人同士にはサッと伝わるものがあるようで、Yは咄嗟《とっさ》に機転を利かせてくれたようであった。

店の男はわたしにチラリと視線を投げてから、何かYに告げている。

「ちょっと待ちなさいと言っています」Yが教えてくれる。

奥に引っ込んだ彼は、しばらくして手に小箱をひとつ持って出てきた。

「紫笋茶はない。これは陽羨茶だ。陸羽が褒《ほ》めた茶だ」と、彼はさっきと同じ表情で言った。

「え！　『茶経』に出ている、あの陽羨茶ですか！」わたしはほとんど悲鳴に近い声を上げていた。

「『茶経』を読んだのかね」

「はい」

「淹《い》れてやろう」男が明るい表情を見せた。

Yがわたしを見て、にっこり笑う。「よかったですね」という笑いだ。

彼はテーブルの上の大きな魔法瓶を持ち上げて、これを運んでくれというふうに、わたしに寄越したので、わたしは二本の腕で抱きかかえた。それから艶《つや》やかな褐色に変化している竹籠に小さな紫砂茶壺《しきチャフー》（急須）と小ぶりの茶碗三つを入れてYに渡し、自分が「陽羨茶」の小箱を大事そうに持って、「こっちに来なさい」と声を掛けて、表に出た。

わたしとYは黙って彼の後をついていった。

店の横の狭い路地を歩いていく。

路地を抜けると小さな空地があり、緑の葉を付けた枝が地面すれすれまで垂れている柳の木が何本かあり、一番緑の多い枝の下に、風雨に晒《さら》されて色あせた木のテーブルがひとつあった。椅子らしきものは、見当たらない。

彼はテーブルの側《そば》に立って、魔法瓶と茶道具をここに、とテーブルを指し示しながら言う。

彼は急須と茶碗に魔法瓶のお湯を注《さ》してから、指の爪で「陽羨茶」の小箱を開けた。初めて箱の封が切られたのだ。わたしは息を止めて、彼の指先を見詰めた。

急須と茶碗が温まったころ、彼は急須と茶碗のお湯を柳の根元にこぼした。柳の根が茶盤《こぼし》だ。

「箱に何グラム入っていますか」

「十グラムくらいだろう。計ったことはない」

彼は温められた急須に茶葉を一枚もこぼさないように腰を屈《かが》めて箱の角を指でコツコツ叩きながら入れ、魔法瓶の湯を急須の口元まで注《さ》していった。

彼は惜しげもなく小箱から半分くらいの茶葉を急須に入れたように思う。

未開封の「陽羨茶」の半分を使い、見知らぬわたしのために淹れてくれる！　心が波打った。

「陽羨茶のような良いお茶でも、熱いお湯でいいのですね」

「そうだ」

「上質な日本の緑茶は摂氏六十度とか四十五度とかに下げます」

「どうしてだ？」

「甘味を出すためです」

甘味は土中の窒素の仕事だ。その甘味を抽出するには、お湯の温度を低くする必要がある。が、中国の緑茶の甘味は、熱湯でも構わず出てくれる。どうしてだろう。

彼の考えを訊いてみたかったのだが、土中に自然に含まれている窒素の話ならまだしも、甘味を補うために窒素肥料を多量に撒《ま》く日本茶の話は厄介だし、「陽羨茶」を飲む前だったこともあって、理屈っぽい話はやめておこうと、わたしは思いとどまった。

「湯が冷めるまで、どうしているんだ？」

「じっと待っています」

彼はびっくりして、細い小さな目を見開いて、それからうっすらした笑いを目尻に浮かべた。

急須や茶碗にお湯を注し、「陽羨茶」の箱を開けているときから、別人のように表情がやわらかくなっている彼の変化が、わたしの緊張をほぐした。お茶を淹れるとき楽しそうな表情になるのは、どうしてだろう？

「死を遠ざけたいのが皇帝なのだ。それに皇帝はいつ敵に襲われるか、わからない。好きな茶は、すぐ飲みたい。皇帝を待たせるなんて、とんでもないことだったのだ。唐代の茶は煮立てた。当然、熱い。熱くておいしいうちに飲んだんだね」と、彼は静かな口調で言った。

「皇帝の飲み方が、熱いお湯でおいしく飲める緑茶になったのですね」

彼は急須から目を離さず、軽く頷いた。

「お湯の温度が適温に下がるまでの時間を、日本人は精神統一に利用したのだろうと思います。茶の湯と煎茶は違いますけれど。作法が違いますので……」自分から言い出したことなのに、面倒な話を口にしてしまったなと後悔していたわたしは、ごくおおまかに言うにとどめたのだった。

彼は声を出さずに笑った。人の良さそうな笑い顔だ。待つ時間を精神統一に利用する日本人というところが、彼の笑いを誘ったようであった。

彼が三つの茶碗に「陽羨茶」を注《さ》していった。白磁《はくじ》の普段使いの茶碗に注《つ》がれた透明な浅黄《あさぎ》色の茶の表面で、柳の葉からこぼれてくる夕方の光が乱反射した。

わたしは立ったまま、一煎《せん》めをゆっくり飲んだ。甘味、苦味に迫力がある。皇帝の迫力だろうか。香りは少しばかりあるようだったが、アッと言う間に逃げてゆき、逃げる香りを摑まえられない。

「三年前に友人にもらったものだが、つくったのは、その一年前だ。友人がそう言っていた。飲むときを待っていた。今日がその日だ」彼は目尻に深い皺を二本刻んで、幽《かす》かな笑みを浮かべた。

彼は二煎めを淹れた。わたしは柳の根元に腰を下ろし、二煎めを飲んだ。とろりとした感触が舌に気持ち良く、甘味はさらに増していた。

Yがわたしの隣に座った。

「外で飲むのは、気持ちがいいですね」とYはおいしそうに飲み干した。

「唐代はこんなふうに外で飲んだんでしょうね」と言い、男に目を向けると、彼は三煎めの入った急須を持ってわたしたちの側に来て、わたしとYに茶碗を地面に置くように言い、自分のも地面に置き、中腰姿勢になって茶の色と量が平等になるように「陽羨茶」を注ぎ終えると、Yの隣の地べたに座り、急須を地面にそっと置いてから自分の茶碗を右手に持ってひと口啜《すす》り、柳の葉の間から透けた天を仰ぎ見た。樹冠《じゅかん》の小さい柳の木の下は、影も小さい。影はわたしたちの頭部にだけ落ちている。

四年も経っているその「陽羨茶」の味は、衰えていなかった。

体の芯が温かくなってきた。

「日本の緑茶は、新茶が好まれます。新茶はおいしいけれど、体を冷やします。このお茶は四年も経っているようですが、おいしいわ。体が温かくなりました。お茶の力が失われていませんね。どうしてでしょう?」

「わたしには答えられない。食事も茶も体をあっためるものだ。体はあっためれば、元気になる。それしか言えない」

「そうですね」と応え、わたしは日本の茶の湯の、ある儀式を話した。

「日本には新茶を茶壺《ちゃつぼ》に仕舞い、六カ月後に茶壺の口を切って、石臼《いしうす》で挽《ひ》いて茶を点《た》てる口切りの茶事というのがあります。新茶の性は陰ですが、六カ月経つと陽に転じ、陰の体質の人が飲んでも、体が冷えることはありません」

彼もYも頷きながら聞いていた。そして、

「中国の緑茶は陽だ。製法によるのだろう。しかし唐代の文人が飲んだ陽羨茶は、こういう茶ではなかったはずだ」

「どういうことですか」

「これは釜炒り茶。唐代は蒸した緑茶だ。それを小さな餅茶《へいちゃ》に成形して、真ん中に穴を開け、紐を通し、腰に吊るして山や谷に出かけ、川の水で煮出して飲んだ。今の味や香りとは違うだろう」

彼は餅茶と言ったとき、蒸してやわらかくなった茶の葉を餅のように丸く固めてと、親指と人差し指で丸をつくり、わかりやすく話してくれた。

彼の話を聞きながら、彼が柳の下の地べたに座って「陽羨茶」を飲ませてくれたのは、山や谷のある風景に囲まれて茶を楽しんだ唐代の文人気分を、想像の中ででも、わたしたちと味わってみたかったのかもしれない。

わたしは田能村竹田《たのむらちくでん》の画《高客吹笛図《こうきゃくすいてきず》》（一八〇六）を、ふと思い出していた。

高客とは、人格は高潔だが、世間と距離を置き、山林などに隠れている有徳の人のことである。人がめったに足を踏み入れない瀑布《ばくふ》や険《けわ》しい岩山や山奥の静かな木の下で、笛の音を聴きながら茶を楽しんでいる景色を描いた画が《高客吹笛図》だ。

風景は中国の山中で、人物は中国人。田能村竹田は江戸時代の人である。江戸時代の茶の淹れ方は、煮出す方法ではなく、現代のような煎茶法が主流になっていた。風炉《ふうろ》、急須、水瓶などの道具を使う煎茶法は、中国では明代初期に始まり、黄檗《おうばく》宗の隠元《いんげん》禅師が徳川四代将軍家綱のとき（一六五四）、日本に持ってきた淹れ方だ。

わたしの位置から、彼の横顔が見える。

細い柳の葉が、男の横顔に陰影模様を映している。お茶を淹れていたときの顔と、また違う。日常の喧騒から逃れて山や谷に出かけ、停止したようなときの中で文人が茶を楽しんでいる竹田の画が、柳の根元の地面に腰を据えて、両膝を立てた、形にこだわらない姿で、古い「陽羨茶」を飲んでいる男の風景と重なった。山中で茶を楽しむ陸羽の姿にも……。

田能村竹田《高客吹笛図》
（出光美術館蔵）

その二

茶の裾野を広げた左遷文士たち

文人政治家や詩人、僧侶たちは、茶に魅了されていった。

皇帝は死なない命を茶に託した。が、文人政治家や詩人、僧侶たちは、お茶を飲みながら清談《せいだん》を楽しみ、詩を詠み交わした。そこが命にしがみつく皇帝たちとは違った。

文人たちは浙江省と江蘇省の境にこんもり跨《また》る名茶の山、顧渚山に茶室、境会亭《きょうかいてい》を建ててしまうほどの熱の入れようだった。

新茶の季節ばかりではなく、彼らは以心伝心、ときには誘い合って境会亭に集まり、ゆらゆら湯気の立つ茶の鍋を囲んで清談をしたり、詩を詠み交わしたりした。湯気の立つ温かい景色はのどかで、平和だ。

老荘思想色濃いむずかしい論のやりとりを、清談という。

清談と言えば、葉がさやさや揺れる、昼なお暗い竹林を舞台に、隠者たちが厄介なテーマを楽しそうに語り合った「竹林の七賢《しちけん》」（三世紀半ば〜四世紀初め）の光景が目に浮かぶ。唐代のお茶好きも、お気に入りの茶を飲みながら、現実離れした哲学的なお喋りを、ときを忘れて交わした。境会亭の文人茶は、現実味のない会話で、仕事を離れたひとときを楽しむ団欒《だんらん》茶、極楽で遊んでいるようなお茶の集いだった。なのに、

「怪しい集会だ。陰謀を企んでいるのではないか」と勘ぐる政治家はいた。こういう人たちの話し合いを〝濁談《だくだん》〟と言うのだそうだ。

そういう政治家の手によって、煮え湯を飲まされる文人たち。

茶を楽しむ平和な集いでも、油断は禁物なのだ。

武の政治家のぎらついた目は、しかし陸羽を素通り。科挙《かきょ》の試験も受けていない、政治とは無縁の、無害な男と見られていたようだ。

茶に生きる道を見つけた若い陸羽に、実際、政治色や武の匂いはなかった。

そんな陸羽に共感し、応援した人に、顔真卿《がんしんけい》と僧皎然《こうねん》がいた。

官僚、詩人、能筆家として名高い顔真卿（七〇九～八五）は、中国においても日本においても、今なお人気がある。権力にへつらわない堂々とした官僚で、骨太な男っぷりが、書に現れているかららしい。

五十六歳のときに法務大臣に就《つ》いた優秀な官僚で、不正を行った者に対しては、たとえ宰相でも厳しく追及する真っ直ぐな人物だったようだ。

威風堂々の顔真卿をおもしろく思わない中央の権力者や宦官《かんがん》は幾人もいた。とりわけ、どんな理由でかはわからないが去勢され、男の性を奪われた宦官の嫉妬深さは尋常ではなく、気に入らない

文人政治家を陰湿な手で追い落とすことにひたすら情熱を燃やした。

権力者や宦官のあの手この手の戦術で、次から次へと辺境の地へ左遷《させん》された顔真卿。長い地方勤務を終えて、やっと長安の都に帰っても、半年もしないうちに、また左遷。

その顔真卿が、湖州長官として赴任してきたのだ。まるで人知を超えたナニモノかが陸羽と出会わせるために、湖州左遷を仕組んでくれたかのようであった。この地で彼は陸羽や皎然と意気投合し、茶を飲み、詩を交換し合う仲になった。

結果から見れば、まさに茶の申し子と言える陸羽だが、茶と出会い、左遷組の文人役人や皎然らと親交を結ぶまでは、茶が飲める身分とは縁遠く、極貧の浮浪者で、茶と歩む未来の自分の姿など、想像もしていなかっただろう。

『茶経』の著者として後世に名を残した陸羽は生涯、人との出会いに恵まれた（春木南溟《陸羽像》部分、1841）

陸羽の人生は、寒さ厳しい冬のある日の朝に始まった。竟陵《きょうりょう》（現在の湖北省天門市）の、ある湖のほとりで、翼を広げた雁の群れが、通りかかった龍蓋《りょうがい》寺《じ》住職の智積《ちしゃく》禅師の目にとまった。近づいて見ると、群がる雁の羽の下に男の子がいた。ぼろ布にくるまれ、顔も手足も汚れ放題のその子を、羽を広げた雁が温めているようだった。

雁がこの子の命を守ってくれたのか。

そう思った禅師は、その子を抱きかかえて寺に連れ帰った。その子が、後の陸羽である。陸羽の〝羽〟は、寒さに震えるその子を温めていた雁の羽の意味、智積禅師がつけた名前である。

捨てられていたときの年齢は三歳くらいだったと言われるが、どこで生まれ、両親はだれか、何もわかっていない。

智積禅師は陸羽にまず厠《かわや》掃除や土方《どかた》仕事をさせた。農耕用の牛の飼育を教えた。仏教を身につけさせる禅師の教育方法であった。

禅師は文字も教えた。しかし龍蓋寺は貧しい寺で、手習い用の紙がない。禅師は飼育している牛の背中を紙に見立て、竹片を筆代わりにして、陸羽に文字を覚えさせた。

覚えの良い子だった。十歳を過ぎたころ、儒学に興味を持った。なんとまあ、早熟なこと！

「儒を学びたい」と禅師に願い出た。

「おまえはまだ仏法の偉大さがわかっていない。仏教の道に進みなさい」禅師は諭した。

「わたしは孔子の教えも知りたいのです」と引き下がらない。

陸羽は儒学を学んで、科挙の試験に挑戦したかったのだろうか。

合格して、生活に苦労しない中央の役人になりたかったのだろうか。

そんな野心はどうやらなかったらしく、ただ儒学を勉強したかっただけのようだ。

禅師を説得できない陸羽は、夜、寺を出奔した。十三歳のときである。

いや本心は、役者になりたかったのだ。そう禅師には言えなくて、こっそり寺を抜け出したのだ、という説もある。

儒学と役者では随分畑が違う。しかし陸羽の中ではたいした違いも矛盾もなかったのかもしれない。儒学の祖、孔子が重要とした六芸は「礼、楽（音楽）、射（弓矢）、御（御者）、書、数（数学）」で、とりわけ「礼、楽」の大切さを強調している。儒を学びたかった陸羽は、儒学の基本くらい、当然知っていただろう。

役者が第一志望だとすれば、「楽」は絶対必要な資質であり、才能である。儒学を修得すれば音楽も修得できる——能天気と言うか、楽観的と言うべきか、陸羽はそういう性格だったのかもしれない。どちらにしろ、向学心旺盛な少年だったようだ。

捨て子の陸羽は天涯孤独である。

求める道は何か。それはいったいどこにあるのか。

何もかも自分で探し、自分の手で摑み取らなくては未来はない身の上はわかっていた。

陸羽少年の溢れる情熱は、禅寺の日常に収まらず、はみ出してしまったのだろう。

貧しい寺でも、寺にいれば食べることはできた。

なのに、無一文で飛び出してしまったのだ。

怖いもの知らずの若者らしい、未来の自分を探しに放浪を始めた、一風変わった少年であった。

闇雲に寺を飛び出したものの、しかし儒学はどこで学べばいいのかわからない。ならばひとまず、なりたかった旅役者の一団に身を置こう。

ようやく小さな旅芸人一座を見つけ、入門を願い出た。ところが座長は首を傾げた。陸羽はぶ男で吃音《きつおん》だったのだ。ぶ男はまだしも、役者にとって吃音は致命的だ。

陸羽はあっさり役者を諦める。

「役者がだめなら戯曲を書く。演じてほしい」と、座長に頼む。

「自信がありそうだな。書いてみなさい」

座長のうれしいひと言で、たちどころに方向転換、若い情熱は戯曲作家に向かった。

智積禅師に文字を習ったおかげで、陸羽は文章が書けた。そればかりか、文才もあったらしい。書き下ろした戯曲は、歌曲を組み入れた問答形式の軍記物や滑稽劇だったようだ。残念なことに、出来栄えはわからない。まだ何者でもない無名の少年の台本は、一切残っていない。

それから一年後の七四六年、十四歳のとき、陸羽は中央から竟陵に左遷されてきた李斉物《りせいぶつ》という役人と出会った。

李は、身なりのみすぼらしい陸羽に何か感じるものがあったらしく、さまざまな知識人に引き合わせてくれたのだった。

浮浪者暮らしを続けていた陸羽は、守るものもなければ、失うものもない。しかし人に好かれる性格だったのだろう。

それにしても、うわべで人を判断しない李という役人に出会えたのは、少年陸羽の幸運であった。そしてここから、陸羽の本格的な勉強が始まった。

左遷役人は科挙試験に合格した優秀な詩人、書家の文化人揃いだが、政府の政策に異を唱えるひと癖ある人たちばかり。権力者にとっては厄介な、煙たい連中なのだ。李斉物も、そういうひとりだったのだろう。

陸羽は、左遷されてくる文人役人たちと積極的に交流した。陸羽の浮浪者暮らしは終わった。

白居易（字《あざな》は楽天、七七二〜八四六）も左遷組文化人だった。江蘇省蘇州は湖州のすぐ側の、景色の美しい街である。蘇州に左遷された役人、白居易はしょっ中茶を飲み、詩をつくっていた。「食後」という詩がある。

食罷《めしおわ》りてひと覚睡《たびねむ》り
起き来たりて両甌《ふたはち》の茶（冒頭二句）

食が済むと、しばらく眠る
目が覚めると、二碗茶を飲む

白居易は、詩で世の中に貢献し天下を救う、という途方もなく目標の高い、純粋な志を持った文人役人だった。が、政界は詩人の志など受け入れてはくれない。

「面倒なやつだ。左遷しろ」

権力者のしたたかな政策で左遷。しかし左遷先で、白居易は気づく。

人はさまざまに制限を受けている。もう無理はしない。「天を楽しむ」ことだ、と。

それからの白居易は普通の生活の喜びを言葉にし、静かで清潔な暮らしを大切にしていった。

自分に与えられた生涯の時間に身を任せよう。その時間が長ければ、それも良し。短ければ、それもまた良し。

〝楽天〟の境地である。

詩も、楽天の境地でつくった。

「食後」は、四十四歳のときの楽天境地の詩であるが、左遷で目が覚めた心境の変化を知らなければ、単にぐうたら男の詩にすぎない。ところが実は、白居易はひどい低血圧だったらしく、朝茶の力を借りなければ、起きられなかったのだ。お碗に二杯の茶を飲めば、茶の成分が心臓を刺激して、血の巡りをまともにしてくれる。茶の効能面から読むと、「食後」は低血圧男の、朝の体の目覚めの詩でもある。

政府にとって厄介な左遷役人とは筋が違うけれど、型破りの大詩人李白にも、たったひとつ、お茶にまつわる話がある。

ようやく宮廷詩人に採用された日、玄宗皇帝は李白を宮殿に呼び、その場で「詩をつくれ」と命じた。

皇帝の隣には絶世の美女、玄宗の寵妃楊貴妃《ようきひ》が、優美な微笑を浮かべていた。李白は豊満な楊貴妃と痩身の美女、趙飛燕《ちょうひえん》を並べて、楊貴妃を讃える即興詩を朗々と披露したのである。ところが皇帝は激怒した。

「趙飛燕と比べるとは、許さぬ」

玄宗皇帝はその場で宮廷詩人の任を解いてしまったのだ。

権力者の前でお世辞やへつらいを言う詩人や作家はそうはいない。そんなことは玄宗サンも心しておくべきであったと思うのだが、玄宗サンは全身で楊貴妃を愛していたのだから、愛は詩人のタマシイより強かった、ということだったのだろう。

天衣無縫、流浪の大詩人に還った李白は、酒仙の異名を持つ。李白に茶は似合わない。ところがある日、李白は「仙人掌茶《せんにんしょう》」という緑茶をもらった。

とにかく一杯飲んでみた。酒まみれの李白の体に「仙人掌茶」の味は染み渡り、気分は爽快だ。大酒飲みの李白には、酒毒を洗い流す茶の鋭い刺激は気持ち良く、翌日の酒は、よりおいしく味わえた。さすがの李白も、この摩訶不思議な体験に驚いた。

李白に「仙人掌茶」を贈ったのは、荊州《けいしゅう》、玉泉寺の僧である。

唐代の「仙人掌茶」は餅茶《へいちゃ》（固形茶）につくられた緑茶。茶葉を手でほぐして、鍋で煮て飲む。

その茶について、李白はこんな詩を残した。

——わたしが聞いたところによると、玉泉寺に近い山に洞窟があり、その中を玉泉が枝分かれして流れているそうだ。

その流れの側に茗草《めいそう》（良い茶のこと）が群生していて、その葉は碧玉《へきぎょく》のようだという。

玉泉寺のあなたはいつもその葉を採っている。形が手の平によく似ているので、「仙人掌茶」と言うそうだね。

玉泉寺に生える茶だけれど、今までだれも見た人はいない。その茶を贈ってくれたのだから、わたしも返礼にこの詩をつくった。後世の隠者たちよ、「仙人掌茶」はこの禅僧とわたし李白に始まるということを知ってほしいものだね——。

荊州、玉泉寺は、現在の湖北省当陽県玉泉山の麓《ふもと》にある。茶の葉が手の平のような珍しい形をしているので、寺の開祖、中孚《ちゅうふ》禅師が「仙人掌茶」と名づけた。禅師は毎年の春、自ら製茶して、その茶を飲んでいる。

ある日、金陵（現在の南京市）に出向いた禅師は李白と遭遇し、お茶には縁のない李白に「仙人掌茶」を贈ってみた。それを飲んだ李白は、刺激の強いその茶に圧倒された。そしてちゃっかり、「仙人掌茶」の発見者は中孚禅師とわたしだよ、と冗談と大真面目を交えて詩をつくった、ということのようである。

しかし現実は、李白の望み通りにはいかなかった。隠者も文人も「仙人掌茶」に執着しなかったのだ。けれど、お茶は密かに延々と命を保ち続け、一九八一年に玉泉寺茶場がつくられ、名茶として現在復活している。茶樹は老木だが、毎年、捩《よじ》れた特徴ある緑の葉をつけてくれる。老木は老いた木ではない。若い木より生産力があるということだ。なぜなら、根は強く、しっかりしているので、養分を十分に貯《たくわ》えられ、葉に送ることができるからである。「仙人掌茶」の味は、甘味も苦味もしっかりしていて、酒毒を消してくれそうに力強い。

僧侶にはならず、役者にはなれず、放浪生活を続けながら湖州に辿り着いた陸羽は、出会えないはずの文人役人や僧侶など茶好きの知識人たちと運良く出会い、交流の中で念願の儒学を学び、詩を学び、茶に傾倒し、茶づくりに専念していった。

顔真卿は「茶は体と心を清めてくれる。ここに来ると、朝廷の仕事が忘れられる。俗世間であれこれ迷うのが嫌になる。すべては幻想にすぎず、すべては空の浮雲と同じだと痛感するなァ」と心の内を見せている。

俗世間とは、政界のことだろう。顔真卿は心許せる仲間たちと茶を飲みながら、都に渦巻く魔のいない解放感を味わっていた。

顔真卿は私財を投じて、陸羽の住まい「三癸亭《さんき》」を建ててやった。

茶に没頭し、若くして隠者暮らしをしている陸羽は、しかし、「立派な家を建ててもらったなァ」とは思っていなかったようだ。

そこがまた、顔真卿の神経を楽にさせたらしい。彼はますます陸羽に関心を寄せ、その生き方に敬意さえ払い、晴れやかな気分で応援していったのだった。

山で見つけた茶を餅茶につくり、山や川原で煮立て、うれしそうに飲んでいる陸羽を眺めながら、顔真卿は思った――茶は、都の権力者のように豪華な部屋で飲むものではない。自然でいいのだ。野山や粗末な家で飲む茶はいいものだ――。

顔真卿は陸羽の茶をすぐに理解した。理解した証《あかし》が「三癸亭」になった。

陸羽のスポンサー的存在であった顔真卿の行為は、恩着せがましくなかった。

顔真卿のような器の大きな人物、権力に屈しない文化人に出会えた陸羽は、よほど良い星の下に生まれたのだろう。

出世と左遷を繰り返した顔真卿の生涯において、陸羽や皎然らと茶を飲み、詩を詠み交わした湖州赴任時代の五年間は、最も幸せであったようだ。権謀術数なき友と心通わせ、陸羽の茶に、顔真卿の思い描く理想の生き方が重なったのかもしれない――自分がしたくてもできなかったことを、若い陸羽は平気な顔をしてやっていた――。

それにしても顔真卿とは、いったいどのような男だったのだろう。

興味を持ちながらも、わたしはなかなか彼の輪郭を描くことができずにいた。が、ある日、美術館で顔真卿の書を鑑賞し、購入した図録を眺めていたとき、頭に過《よぎ》るものがあった。それを言葉に置き換えてみると、こんなふうになる――型破りのような彼の書は、骨格がきれい。彼は骨格のきっちりした、志の立派な男だったに違いない。

書には人格が現れる。だから書を学ぶ中国の人は、顔真卿の書を臨書して、その人柄を知り、近づきたいのだ――。

役人の仕事ではなかなか生かせなかった顔真卿の志のきれいな部分を、茶が引き出した、そういうことかもしれない。

詩人で役人の韋応物《いおうぶつ》（七三七頃〜八〇四頃）も茶に魅せられ、こんなことを記している。

「これはまことに霊味があり、もともと山より出るもの。郡を治める暇をちょっと利用して、手軽に茶樹を、荒れた園に植えてみた。いろいろな草といっしょに成長していくのがうれしくて、隠者と話をするのは楽しい」

茶で束の間の自由を見つけた韋応物は、軍人である。武人の中にも文人はいた！

玄宗皇帝の死（七六二年）で軍人が嫌になった韋応物は、素朴な自然派詩人に転向したと言われる。そして茶どころ蘇州が、彼の最後の赴任地になった。彼は陸羽らと茶を楽しみながら、肌がひやりとするような透明感のある詩をつくっていく。軍人生活中は、山の植物と共生している茶樹と和む日など、一日もなかった。しかし今は、癒しの日々を送っている……。

詩僧皎然は、日々を茶と歩んでいる親友、陸羽をしばしば訪ねた。でも今日もいない。

「またいないね。山に行ったんだね。あなたは軽々と飛んでいる一羽の鳥なんだね。今日はどの山で茶を楽しんでいるのかな。世の中と調子を合わせるような人ではないあなたは、悠々とたゆたう一艘の釣船なんだね」と、静かでやさしい眼差しの詩をつくっている。そしてお茶については、僧侶としてこう言っている。

「茶は文火《ぶんか》（とろ火）で煮ると香りが優る。寒泉《かんせん》（冷たい山の水）で煮れば、味はますます良くなる。茶はそういうもので、禅に似ている。眠りを除いてくれるのは、ありがたい。

越《えつ》（浙江省）の人がわたしに茶をくれた。さっそく煮た。薄青色の茶が香ってくる。なんと、仙人たちの飲みものに似ていることか。一飲すれば眠気を払ってくれるし、気持ちが爽やかになる。二飲すれば、わたしの精神が清められてゆき、雨が塵埃《じんあい》を洗い落としてゆくようにスッキリする。三飲すれば、たちまち得度する。どうして苦労して修行を積んで、煩悩《ぼんのう》を打ち払う必要があろう」

香り高いこの茶は禅に似ている、仙人の飲みものと似ているという禅僧皎然は道教と和合し、茶を三杯も飲めば、最高の境地に至り、苦しみの地此岸《しがん》から涅槃《ねはん》の地へ行けると、仏教徒が目指す解脱《げだつ》をあっさり言い切っているのだから、日本の苦行僧たちはどう感じるものやら。

中国の僧にとっての茶は、日本の禅僧の茶と根本的に違うのである。

茶に生きる道を見つけた陸羽は、後年世界最初の茶の本『茶経』を著《あらわ》す。が、茶の始まりは、歴史的には陸羽からではない。

長安や洛陽の都では、皇帝や上流階級の人たちばかりでなく、経済的に豊かな一般人の生活にも、喫茶は取り入れられていたからだ。

茶は長安や洛陽の都周辺でつくられていたわけではない。茶の木は南方のめでたい、ありがたい植物であり、製茶は江南地方の農民のきつい仕事であった。

陸羽は南方の浙江省や江蘇省の山や谷を歩き、見つけた茶の葉で、ひとり、茶をつくっていた。陸羽は農民たちのように、皇帝や権力者用のお茶はつくらなかった。

なのに陸羽の茶が狭い個人的な趣味にとどまらなかったのは、茶を好んだはみ出し文化人、左遷役人たちが、いつも陸羽の側にいたからだろう。言い換えれば、お茶の裾野を広げていったのは、ほかならぬ左遷組文人たちの影響力があったからだ。

戦嫌《いくさ》いだった陸羽だが、戦乱も陸羽に味方した。安史《あんし》の乱（七五五～六三年）である。

歴史に〝もしも〟はないのだが、もしも楊貴妃が玄宗皇帝の妃でなかったならば、安史の乱は起こらなかった。楊貴妃のある失敗が、乱の原因であったからだ。

玄宗皇帝の在位は七一二年から七五六年の四十五年間、日本では元明、元正、聖武、孝謙天皇の時代にあたる。日本の遣唐使たちが唐の都で仏典や漢籍に没頭しているときだ。

玄宗皇帝には多くの愛人がいたが、とりわけ武恵妃《ぶけいひ》を愛していた。が、玄宗五十三歳のとき、武恵妃が亡くなった。たいそう美しい女性だったらしく、玄宗は悲しみをなかなか克服できないでいた。

後宮には三千人の女たちがいたようだが、美人好みの玄宗の目にとまる女性は、そこにはいなかった。

ある日のこと、臣下が楊玉環《ようぎょくかん》という女性を見つけてきた。ナント、楊玉環は、亡き武恵妃と玄宗の間に生まれた息子寿王《じゅおう》の妃で、武恵妃に劣らぬ美人であった。

いくら美人でも、父親が息子の妃を横取りするわけであるから、それはまずい。そこで玄宗皇帝は一計を案じた。

「いったん出家させて、女道士にせよ」

最高権力者がよく使う手を、臣下に命じたのである。

楊玉環は寿王と離婚してひとまず女道士になった。その後、玄宗は楊玉環を貴妃に任命し、宮廷に入れた。楊貴妃と呼ばれるのは、このときからである。貴妃とは皇后に準ずる女官のこと、玄宗皇帝六十一歳、楊貴妃二十七歳であった。

楊玉環はいったん出家させられた。尼僧ではなく、女道士に。玄宗皇帝が道教信者だったからだ。

不老長生を目指して茶を飲み、キノコを食べ、道教が教える食に注意を払っていた皇帝である。六十一歳の高齢でも、二十七歳の豊満な美女を妃に迎えられる体力、気力に満ちていたということなのだろう。

皇帝の武将のひとりに、安禄山《あんろくざん》という胡人《こじん》（異民族）の若きつわものがいた。玄宗と楊貴妃の間に子はなかった。安禄山はそこにつけ込み、楊貴妃の養子になろうと懸命に努力し、ついに成功した策士である。

安禄山青年は、楊貴妃好みの美青年だったのだろう。楊貴妃の言いなりである玄宗は、安禄山をすっかり信用した。玄宗と楊貴妃は毎年の秋、長安東方の温泉地、華清池《かせいち》に出かけ、年の暮れまで滞在するのが恒例の行事になっていた。

安禄山は、皇帝警護が手薄になるこのときを待っていた。そして武将史思明《ししめい》と組み、謀反を起こしたのである。安史の乱だ。玄宗と楊貴妃は長安を脱出、長安の西五十キロメートルほどの地、馬嵬《ばかい》に逃れた。そこで臣下のひとりが皇帝に言上した。

「貴妃さまのお命を」

「貴妃は謀反と関わりはない」

玄宗は撥ねのけるが、兵士たちは我慢がならない。とうとう玄宗も覚悟を決めた。貴妃を捨て、乱を鎮めよう。玄宗は宦官高力士《こうりきし》に楊貴妃殺害を命じたのだった。高力士は、玄宗が楊貴妃に与えた絹布で貴妃の首を絞めた。

意識の薄れていく中で楊貴妃は、

「玄宗の愛がわたしの首を絞めている」と思いながら、息絶えた。

楊貴妃三十八歳、玄宗と暮らした年月は十二年であった。

玄宗は蜀《しょく》（四川省《しせん》）へ旅立ち、成都に仮の居を定め、暮らした。

蜀は名茶の産地である。しかし玄宗は楊貴妃の思い出に浸るばかりで、食事も摂《と》らない。

「貴妃がいなければ、茶は楽しくない」と、茶も飲まない。

「天に昇れば貴妃に会える。わたしは眠る。起こしてはならぬ」と言い残して眠りについた。衰弱していく体は眠り続け、崩御。七六二年、七十八歳であった。八世紀という時代においては長寿である。

白居易は玄宗皇帝と楊貴妃の恋物語を「長恨歌《ちょうごんか》」という長編叙事詩にして、ふたりの死を悼んだ。

玄宗皇帝と楊貴妃の悲劇の最中に、陸羽は太湖の南の苕渓《ちょうけい》に辿り着いて庵を結び、『茶経』の執筆に取りかかっていた。

——茶は南方のありがたい木である。味は至って寒であるから、行い精《すぐ》れ、倹徳のある人が飲むにふさわしい——。

茶は南方のありがたい木、味は寒、心鎮める効果がある。慎ましやかで控え目な徳のある人が飲むにふさわしいと、初めの章「一之源（茶の起源）」で陸羽は言う。道教、仏教、儒教の三つの思想が陸羽というひとりの男の中で無理なく自然に共存しているような、そんな香り漂う冒頭である。

陸羽は『茶経』で独自の思想を打ち出そうとしたのだろうか。

いや、そうではない。十章に分類した内容のうち、「一之源」から「九之略」まで、具体的な茶の話に終始しているからである。

「一之源（茶の起源）」「二之具（製茶の道具）」「三之造（茶の製造）」「四之器（茶器）」「五之煮（茶の煮立て方）」「六之飲（茶の飲み方）」「七之事（茶の歴史）」「八之出（茶の産地）」「九之略（略の茶）」。

「九之略」の「略」はわかりにくい。思うに、茶会は道具を自慢するところではない。持っている道具を持っている人が持ち寄ればよい、ということらしい。ありあわせの道具でも、楽しく茶が飲めれば、それで良い――型に嵌《は》まらない陸羽らしい一章だ。製茶のとき、みんなで茶の葉を摘み、蒸し、搗《つ》き、火で焙《あぶ》り乾かせば、ひとりで全部道具を揃える必要はないのだ。

林や適当な石などのある場所で飲むことができれば、茶器を全部揃える必要はない。道具も器も略すのが良い、ということであるから、気分は楽だ。

これが陸羽のお茶なのだ。

終章は「十之図（茶の図）」。

ここでは、白絹に『茶経』の本文を書き、座の隅に掛けておけば、茶のすべてを目の当たりに見ることができて、茶のすべてを備えたことになる、と言っている。

茶も道具もない者は、おいしい茶を飲んだと思えば、飲んだことになる、と言っているかのようだ。まるで脳に記憶されている味、香りをイメージで刺激して探り、引っ張り出せばよい、とでも言いたいかのように、抽象化している。

茶に取り憑かれた陸羽は、千三百年後の未来に解明されていく脳の記憶のメカニズムを見透かしているような、とんでもなく大胆で、おもしろい男だ。しかも茶の始まりから、型などどうでもいいんだというところなど、そこはかとなく恐ろしい男の匂いさえする。ともあれ、天涯孤独で、何者でもなかった陸羽は世界初の茶の本『茶経』を著した者として、歴史上の人物になってしまったのである。

その三

一滴に現れる茶の命

航空便で小箱がひとつ届いた。中国からだ。

包装紙がところどころ汚れている。開けてみると、小箱の中に、さらに小さい箱がちょこんと収まっていた。ちぎって丸めた新聞紙で、隙間が埋めてあった。

クシャクシャの新聞紙を広げた。ザラッとした砂粒のような感じが、手の平に残る。手紙はなかった。

中の小箱を取り出す。箱の真ん中にインデックスシールが貼ってあり、ブルーのボールペンで「紫笋茶《しじゅん》」と認《したた》めてあった。達筆だ。送り主は、長興《ちょうこう》の柳の木の下で、「今日が、この茶を飲む日だ」と、惜しげもなく、何年も前から大切にしまっていたらしい「陽羡茶《ようせん》」を飲ませてくれた、あの初老の男性であった。

あれから三年が経っている。彼がわたしの住所を知っていたのは、あのときわたしが渡した名刺を捨てずに、保管してくれていたからだろう。

中国茶を職業にした一九八八年から、わたしは「紫笋茶」を一度飲んでみたいという思いを諦めず引きずっていて、かれこれ五年が過ぎたある日、突然、恋い焦がれていたお茶が、空を飛んでやってきたのだ。

思い続ければ、願いは奇跡のように叶うものらしい。「紫笋茶」の小箱を、わたしは長い間、見詰めていた。

中国人の心に生きている「信」——わたしは「信」をじっと見詰めていたのだ。

送られてきた茶は、葉茶《はちゃ》だった。

『茶経』によれば、唐代にも、質は劣るけれど、葉茶が少しはあったようだ。それはおそらく、餅茶《へいちゃ》をつくる際の崩れた葉だったのだろう。

唐代の皇帝、文人、陸羽が飲んだ「紫笋茶」と、小箱の中身が同じ茶樹の葉かどうかは、むろん大いに疑問だ。

現実的に考えれば、ときは千二百年以上も隔たっている。気候も土質も変化している。つくり手は現代人だ。

「だから違うに決まっているさ」と決めつければ、夢は殺《そ》がれる。「信」は葬られ、わたしの手の中の茶は、幻となって消えてゆく。

原木「紫笋茶」の、千二百年後の末裔《まつえい》が、わたしの手の平に載っている。

わたしは気持ちを唐代に飛ばし、送り主の心に頭を下げ、「信」をいただくことにした。

「信」を飲む。「夢」を飲む——そんな感情が、疑念雑念を押しのけ、湧いていた。

中国の緑茶は、時代や品種に関係なく、沸騰湯で淹《い》れる。熱湯で甘味、苦味、栄養分が素早く出る茶でなければ、皇帝や権力者たちは我慢がならなかった。広大な国土を持つ国だから、のんびり、ゆったり、ではないのだ。逆なのだ。座れば次々とテーブルに並ぶ名菜《めいさい》のように、名茶も早い。唐代、宋代の緑茶は、葉を蒸してつくった。この方法を「蒸青《ジエンチン》」という。日本茶も、釜入り茶が現れるついこの間までは、「蒸青」だった。

明代以後は、茶葉を大釜で炒ってつくるようになった。この方法を「炒青《シヤオチン》」という。現在、日本の小規模茶製造者の主流は「炒青」方法である。

送られてきた「紫筝茶」を、わたしは「信」という〝心の器〟で飲んだ。

炒ってつくるカラッとした切れ味の良さはなかった。かといって、蒸してつくる、甘味が舌にまとわりつく緑茶でもなかった。

初めはやわらかくてやさしい苦味が舌に広がり、その苦味を追いかけるように、甘味がどこからともなくソロリソロリ現れ、甘味が苦味を包み、喉を通過すると、十数秒後に胸の奥から甘い香りが舞い戻ってきて(回香《ホイシヤン》という)、気持ちの良い息が呼気《こき》に合わせてスーッと外に出ていった。

体の中から舞い戻ってくる甘い香りが「紫筝茶」の命、そう思った。

茶杯《ちやはい》に三杯、立て続けに飲む。

わたしは快い眩暈《めまい》に襲われた。椅子に身を預けたまま目を閉じて、揺らぎを楽しんだ。

それからおもむろに目を開けた。見慣れた景色はまぶしく、新鮮に見えた。「紫筝茶」が目の汚れを洗ってくれたようだ。

いったい、いつつくった「紫笋茶」だろうか。

何もかもがわからずじまいだが、一九〇〇年代の中国は、茶専門店でも冷蔵庫の設備はほとんどなく、氷を入れた箱に緑茶を保存している店は良いほうだった。

緑茶の味、香り、質は、時間の経過とともに衰えていく。なのに、その「紫笋茶」は、味も香りも豊かだった。

きっと送り主は、顧渚山に生育する葉を摘んで、いくらか日光に当てて、葉がしんなりしたら取り込んで、それから室内の空気に何時間か晒《さら》し、さらにやわらかく、ビロードのような、えもいわれぬ肌触りになった茶葉を、唐代の製茶法に倣《なら》って蒸籠《せいろ》で蒸して、揉捻《じゅうねん》して、炭火で乾燥させる正統な方法でつくったのではないかしら。そのように手をかけ、時間をかけてつくる緑茶は、現代の緑茶でも、寿命は長い。

そんな想像を楽しみながら、遠く離れている人と心交わせるのに、お茶ほどいいものはない。何年も会わなかった人の「信」を知るのに、お茶ほどいいものはない。

わたしの胸は躍った。

陸羽の時代の茶は餅茶という固形茶で、大福くらいの大きさの丸餅を平たくしたような形だった。「茶は南方のめでたい、ありがたい木である」で始まる『茶経』の「三、茶の製造」で、陸羽はこんなふうに記している。

——すべての茶採みは二、三、四月の間にする。笋《たけのこ》の形のような上等な茶は爛石《らんせき》の沃土《よくど》に生え、長さ四、五寸、（中略）朝露を凌《おか》して採《つ》む。（中略）茶採みの日に雨が降れば採まず、晴れても雲があれば採まない。よく晴れた日に採み、蒸籠で蒸し、杵臼《しょきゅう》で搗《つ》き、受け台（石が良いが、槐《えんじゅ》や桑の木でも良い）の上で拍《たた》き、茶を固め、焙炉《ほいろ》で焙《あぶ》り、小さな穴を開けて、そこに竹か楮《こうぞ》のような繊維の皮をよってつくった紐を穿《とお》し、乾かして、できあがる――。

陸羽が使った道具は、わたしでも揃えられる。

茶のつくり方も、それほど面倒ではなさそうだ。

何でもやってみなければ気がすまない。わたしは『茶経』に従って、餅茶をつくってみた。

唐代は農薬も化学肥料もないので、わたしがつくる餅茶の葉も天然自然の葉でなければ、追体験の意味はない。土良し、無農薬、無肥料で育てている友人の畑で新茶を摘み、一日がかりで餅茶づくりに挑戦したのである。

『茶経』には、茶採みの日に雨が降れば採まず、とあるが、雨水で摘みどきの茶葉に余計な水分があると、茶の味が悪くなるからだ。これは、現在も同じだ。心ある今の茶製造者は、雨の日に茶摘みはしない。茶摘みの最中に雨が降ってきたら、茶葉にかかった滴《しずく》をきれいに払ってから摘む。こういう手間をかけた人のお茶は、いとおしいほどおいしい。

今は曇天なら摘むけれど、だれにも負けないおいしいお茶にしたければ、晴れた日に。

わたしも、晴れた日に摘んだ。

ついでながら、野生茶の場合は「採む」、栽培茶の場合は「摘む」というように、昔の中国は、漢字を使い分けていたようだ。

摘んだ茶葉は蒸籠で蒸す。蒸してやわらかくなった茶葉を、普段使いの杵《きね》と臼《うす》で搗く。それから平たい丸餅形に成形してから、乾かす。乾かし方は、竹籠に紙を張って、その中に炭火を埋めた桶《おけ》を置き、桶の周りにまだ湿っている餅茶を並べ、ぽかぽか温かくして、じっくり、やんわり乾燥させていく。

現在は竹籠に紙を張ってはいないが、緑茶に限らず最高級茶は、炭火で乾燥させているはずである。

餅茶に穴を開けて紐を通し数珠《じゅず》のようにしておくのは、唐代の茶好きは、どこでも飲めるように、腰に吊るしたりして、持ち歩いたからだ。

わたしは完成した餅茶を壊さないように慎重に錐《きり》で穴を開け、七輪に炭火を熾《おこ》し、五徳《ごとく》を置き、網を載せ、その上で、餅茶を焦がさないようにマメにひっくり返しながら乾燥させ、竹や楮の紐はないので木綿の紐を穴に通して餅茶の数珠をつくり、自宅の茶の保存室に吊るした。

『茶経』の茶採みの時期は二月から四月の間。旧暦だから、現在の三〜五月、今と同じ時季だ。しかし名茶は、昔も今も清明節《せいめいせつ》（現在の四月五、六日ころ）に摘む。清明節は大事な行事を行う日で、庶民はこの日に墓参りをする。

宮廷は、清明節に新しく火を熾す。その火で、まずお茶を飲む。皇帝の最重要行事だった。だから皇帝献上茶「紫笋茶」「陽羨茶」の新餅茶は、清明節前に、顧渚山からおよそ二千キロメートル離れた長安に届けておかなければならなかったのだ。

清明節に摘む新茶は、高級品である。さらに良いお茶は、清明節の少し前に摘む。「明前」と書かれたお茶が、それだ。「最高級品ですよ」の印である。

けれども皇帝用のお茶は、もっともっと前に摘み、清明節前に届けなければならなかった。宮廷では、清明節の三日前から火を使ってはならないしきたりがあり、温かい食事を摂《と》ることも、温かいお茶を飲むことも、許されなかったからだ。

「三日、寿命が縮まった」と、皇帝は密かに悔やんだことだろう。

清明節に新しい火を熾し、その火で早く温かい新茶を飲みたかった皇帝のために、農民は不眠不休で仕事をした。茶摘みのときは、顧渚山に茶摘みの男女約三万人、製茶工員約千人が集められたという。顧渚山は小さな山だ。内外から集められた約三万人の男女で、山は溢れた。

「この茶はうまいなァ」と口走った陸羽のひと言が、農民にとっては地獄の春になってしまったようだ。

配達係は二千キロメートルの陸路を昼夜走り、約二百キログラムの新茶を十日間で届けたという。一日二百キロメートル走った計算になる。

皇帝が待ちに待った餅茶は、適量を手でほぐして、釜でコトコト煮立てた。

えー、釜で、どんなふうに煮たの？

どんな味だったのかしら？

『茶経』の「五、茶の煮立て方」によれば、

――湯の沸き具合は、魚の目のように大きく、微かに声《おと》がするのを一沸《いちふつ》とする。釜の辺《ふち》に泉が湧

き、珠《たま》を連ねたように泡が上がるのを二沸とする。波を騰《あ》げ、浪を鼓《う》つようにぐらぐら煮えたぎるのを三沸とする。これ以上は水が老《つか》れるから、飲んではいけない。

一沸のときに、茶の量に合わせて、塩で水の味を調《ととの》える。嘗《な》めて、塩辛ければ棄てよ。（中略）

第二沸のとき、湯一瓢《しゃく》（瓢箪《ひょうたん》を割ってつくった柄杓《ひしゃく》）を酌《く》み出し、両端を銀で包んだ竹箸で湯の中心をぐるぐるかき回し、粉にした茶を量《はか》って、釜の中心に落とす。しばらくして湯の勢いが、大波が沫《しぶき》を上げたようになると、酌み出しておいた湯で動きを止める――。

とにかく大仰《おおぎょう》な表現で、笑ってしまう。

これで、おいしいお茶になるのかしら？　首を傾げ傾げ、わたしはその通りにやってみた。

瓢は、瓢箪栽培が趣味の人から小さめの瓢箪を半割りにしてもらい、柄をつけて柄杓をつくった。

両端を銀で包んだ竹箸をつくるのはむずかしい。わたしは以前中国でおもしろ半分に購入した銀製の箸で代用した。銀製の箸は、食べもの、飲みものに毒が入っていると変色する銀の性質を利用し、身を守った中国の王侯貴族の毒発見器でもあるのだ。

健康増進に役立つお茶が毒薬に変化するなんて、考えられない。どういう理由から、銀で包んだ竹箸でグルグルかき回すのか、陸羽は説明していないので、チンプンカンプンだ。

わたしは毒検出用に買ったわけではなく、銀に魅せられて、つい買ってしまったのだけれど、重くて、一度も使わずじまいである。その箸が、こんなときに役立つとは……。

その箸を釜の中心に立て、湯をぐるぐるかき回しウンヌンは、何のためにそんなことをするのか、全然理解できなかったけれど、笑いを堪《こら》えながら、とにかく忠実にやってみた。

さて、どのような味か？　どきどき、びくびくしながら、でも少しの期待を寄せて飲んだ。

本当にまずいお茶だった。

まずいお茶の原因は、多分塩である。

塩水で緑茶を煮るなんて！

真水のお湯で淹れるお茶が当たり前のわたしたちには、塩水の緑茶だなんて、想像するだけで、胃の口は塞がってしまう。

だが、ふと考えた。

ほんの少し塩を入れたお湯は、甘くなるのだ。

陸羽はお湯を甘くするために、塩を使ったのではないのだろうか。

茶の量に合わせて、塩で水の味を調えると言っているからには、餅茶は相当に苦かったのかもしれない。

思い出した。塩を入れて煮るお茶は、漢民族の間では絶滅喫茶法だが、今でも中国にある。モンゴル民族、チベット民族、カザフ民族などの日常茶「磚茶《せんちゃ》」だ。

わずか九十七年間で元王朝は滅亡し、何も持たずに潔く故郷のモンゴル草原に帰ったモンゴル民族は、緑茶を固めた「磚茶」をずっと飲んでいる。

ヨーロッパを攻めたときも、「磚茶」を携行した。「磚」はレンガという意味で、長方形に固めた緑茶である。餅茶の変形とも言える。

モンゴル民族は遊牧民族なので、嵩張《かさば》る葉茶は持ち運びに不向き、コチコチに固めた茶は、移動に便利だ。生活の知恵である。一般的なサイズは、縦十八センチ、横三十五センチ、厚さ四センチ、重さ二キログラム、巨大な固形茶だ。

大草原に張ったパオ（ゲル。テントのこと）の近くやパオの中に泥で竈《かまど》を造り、大釜や大きなヤカンに湯を沸かし、硬い「磚茶」を包丁で削って入れ、塩を加え、搾《しぼ》りたての家畜の乳をたっぷり入れて、火が通ればでき上がる。けっこう力仕事だが、主婦の大事な仕事だ。

乳を加えた茶を「奶茶《ないちゃ》」という。奶は乳の意味、吸い物椀ほどの茶碗で一日に何杯も飲む。乾燥地帯だし、茶の葉と搾り立ての乳でタンパク質、ミネラル、ビタミンなどを摂っているのだ。

草原の民族の茶の味は、ほんのり塩の味がする乳の味である。乳の味は、草原の草の味である。家庭によって味噌汁の味が異なるように、「奶茶」の味は、家庭によって違う。家畜の乳の味が違うからだ。わたしの口に合う「奶茶」もあれば、そうでないのもあった。

家畜は羊、山羊、牛、馬、ヤク（チベット牛）だ。

ヤクは標高三千メートル以上の、青海《せいかい》チベット高原に生息する黒毛が長い牛だ。

わたしはヤクの乳の味を知らない。

ヤクの乳をたっぷり入れた「奶茶（バター茶という）」を飲んでみたくなった。

青海省の奥地に聳《そび》える神々の山と言われるアムネマチンの麓《ふもと》、標高四千メートルに暮らすチベット民族の村を訪ねた。

標高は富士山より高く、しかも神々の山に抱かれた地の草を食べているヤクの乳だから、さぞ美味、神々しい味のお茶だろうと思った。

期待に胸膨らませて飲んだ。ところが、ナント、臭いことこの上ない。吐き出すわけにもいかず、わたしは目をつむってゴクリと飲み込んだのだった。

澄み切った空の下、ヤクの乳の臭いは強烈であった。高山病で頭痛に悩まされていたのも事実だが、それを差し引いても、ヤクの乳は、わたしには癖が強すぎた。

「磚茶」の生産地は湖北省、湖南省、四川《しせん》省で、つくる人は漢民族。

「磚茶」を日常茶にしている主な民族は、内蒙古《うちもうこ》自治区、新疆《しんきょう》ウイグル自治区、甘粛《かんしゅく》省、青海省、チベット自治区の人びとだ。医療や教育、経済問題などで、多くは遊牧生活から定住生活に移行しているけれど、「磚茶」は手放さない。「磚茶」は民族の味、生活の味なのだ。簡単に手放せるものではないらしい。

苦労して、細心の注意を払ってつくった唐代のお茶なのに、わたしには得体の知れない、わけのわからないお茶であった。

けれど、これが唐代の皇帝や文人にはおいしかったのだ！

試行錯誤の末、陸羽はこの独創的な茶の煮立て方に行き着いたのだと思うが、どのくらいの量を飲めば体に良いか、陸羽は書いている。

——三碗まで続けて飲み、四、五碗以上は、ひどく喉が渇いているときのほかは、飲んではいけない。（中略）熱いうちに続けて飲む。熱いうちは重い濁りが下に凝《かた》まり、精英がその上に浮かぶからである。冷えると精英は熱気とともになくなるから、飲んでも消化しない——。

精英は、栄養とかエキスというような意味だろうが、わかるようで、わからない飲み方だ。わたし流に解釈すると、お茶は熱いうちなら、細かい茶葉が釜の底に沈んで、お湯に溶けた栄養分は表面に浮いている。だから必ず熱いうちに、上澄みを飲め。冷えると、茶の栄養分は失われる。沈んでいる茶葉の粉は消化されないので、体に良くない、とこんなふうに陸羽は忠告しているようだ。

しかし現代のお茶とつき合っているわたしは、いつもこう話している。

「無農薬、無肥料の良い土に育った茶なら、何杯飲んだ後でも、各種のミネラルが茶葉にまだ残っていて、もったいないから、茶葉も食べてしまいましょう。お料理に使ってもいいですよ。ジビエのような硬い肉は、茶葉（特に岩茶《がんちゃ》という烏龍《ウーロン》茶が良い。岩茶については別章で詳述）で煮るとやわらかくなるばかりでなく、とてもおいしくなりますよ」

余談だが、歌人で民俗学者で異常なほど潔癖症だったらしい折口信夫《おりくちしのぶ》（一八八七〜一九五三）は、出涸《でが》らしの茶葉をおいしそうに、一度に全部食べたという。

口がまずいときや体がシャキッとしないときなど、わたしも出涸らしの茶葉を何枚か食べるが、急須の茶葉全部は食べ切れない。

ともあれ、現代人のこんな出涸らし話を陸羽さんが耳にしたら、何と言うだろう。

唐代の煮立てる茶と、急須や蓋碗《がいわん》（蓋付きの茶碗）で淹れる現代の茶が違うのは言うまでもないが、煮出せば、陸羽が説くように、茶葉の栄養はいっぺんに全部お湯に溶け出るのだろう。が、急須や蓋碗で淹れる茶は、栄養分がちょっとずつ抽出されるので、上等な茶葉ならば一日二日かけて、何煎《せん》も飲める。

急須や蓋碗で茶の栄養分を残さないようにチビチビ飲んでいると、「待ってました」とばかりに、六十兆個の体細胞がスッスッと吸ってくれる感じがするのだ。

日本では昔から「宵越しの緑茶は飲んではいけない。中風《ちゅうぶう》になる」と戒めている。中風は、手足がしびれ、悪くすると半身不随になる病気だ。タンパク質の変質が原因らしい。でも、これ、もしかしたら、茶葉をたくさん売りたい茶商人のコマーシャル・コピーも絡んでいたのではないかしら、とわたしは思ったりするのだが……。

〝茶柱が立つと、縁起がいい〟という俗信もある。これは売れ残った茶を売りさばいてしまいたい江戸時代の頭の良い茶商人がひねり出したコマーシャル・コピーで、縁起担ぎの大好きな江戸の市民に大うけ、お茶は最後のひと葉まで売れたとか。

昔の人の生活の知恵は聞いておいたほうがいいとは思うが、茶が体にどのような影響があるかについて、陸羽は『茶経』の随所で、こんなことをつけ加えている。

――胸のつかえ、頭痛、目の疲れ、手足の疲れのときは、四、五杯飲めばいい。とりわけ眠気を覚ましたいときは、茶を飲め――。

上等な餅茶は「月団《げつだん》」と名づけられ、皇帝が好んだ「陽羡茶」でもつくられた。「陽羡茶」とは、羨ましいほど良い光が降り注ぐ地に育つ茶というような意味である。「陽羡茶」の香ばしい黄金の芽が摘まれるまで、あたりの百草は遠慮して花を咲かせないで、じっと待っていると言われるほど、優れて良いお茶なのだ。

顧渚山の北側斜面の麓で、「陽羨茶」を味わってみたい——突然そんな想いにかられて、二〇一七年の秋、わたしはお茶仲間と江蘇省《こうそ》宜興市《ぎこう》を訪れた。

長興の茶舗《ちゃほ》の初老の男が飲ませてくれたあのときから数えて、二十七年が過ぎていた。

宜興は顧渚山を挟んで北側に位置する静かな落ち着いた街、顧渚山の麓一帯はなお静かである。秋の濃い緑に包まれた山はひと仕事終えたようにおっとりとやさし気で、眺める者をやすらかにしてくれた。

そんな顧渚山に見守られるように、麓に木造の新しい貢茶院《こうちゃいん》が建てられている。貢とは皇帝に貢《みつ》ぐという意味で、かつての皇帝献上茶製茶所のこと。現在は貢の字を冠して資料館や研究所になっている。片隅にしつらえた、四方からきれいな風が吹き抜けていく亭《ちん》もどきの喫茶室で、お茶をいただいた。

名も知らぬ一碗のそのお茶は甘味より軽い苦味が優先し、心地良い山の秋風とあいまって、旅の疲れを浚《さら》っていった。

それから茶工場に、軽くなった足を運ぶ。

人の良さそうな経営者と、なかなかの美女三人が出迎えてくれた。

経営者の話によると、「陽羨茶は陽羨雪芽《せつが》という名前になっている」ということだ。

「陽羨茶」はすでに過去の歴史の名茶のひとつになってしまった、ということらしい。が、ここに、中国人と名茶の〝舞台裏の物語〟があったりして、けっこうおもしろい。

表舞台から姿は消えても、人と人が「信」でつながったとき、消えたはずの名茶が、裏からこっそり姿を現したりするからだ。

そういう名茶を、そういう中国の茶人の行為を、わたしは面食らいながら、何度も体験してきた。ひと筋縄ではいかない中国茶界のドラマに焦りは禁物だ。

訪問した茶工場の経営者とわたしに、「信」の交流はまだない。それで「今は、陽羨茶と陽羨雪芽は同じ茶です」と言ったのかもしれないし、経営者の言葉に嘘はないのかもしれない。

いつか、もう一度この経営者を訪ねたら……。

名茶は人の縁――「ない」と言われても、アッサリ諦めない。いつか〝本当〟がわかる。ここが茶商人か茶文化人かの分かれ道。スリリングで、興味深い。それが、わたしを駆り立てる。

茶名に白、雪、雲、乳のように、白を連想させる文字の付いた茶は、上等な茶を意味する。「陽羨雪芽」は、上等な緑茶に違いない。

製茶工場の三人の若い女性が「陽羨雪芽」十グラムくらいを、大きなガラスのサーバーに入れ、ドボドボ熱湯を注《さ》し、しばらくしてから茶杯に分け入れてくれた。浅黄色の透明度の高い、きれいな茶の色だ。

わたしは茶杯のひとつを手にし、飲んだ。粗い味だった。香りはよくわからない。原因は大きすぎるサーバーの底でパラパラ散っている茶葉に、勢いよく熱湯を注したせいだろう。これでは茶葉がびっくりして、息ができない。

茶の味と香りは、茶の葉の気持ち良い呼吸がつくり出してくれる。そう思っているわたしは、茶葉がかわいそうになった。

この「陽羨雪芽」は、きっと良いお茶に違いない。きれいな茶の葉を見て、そう感じていたわたしは、工場の女性の面子を潰さないように、こんなふうにお願いした。

「日本のひとつの淹れ方でやってみたいのですが、いいですか。どのような味になるかはわかりませんが、日中友好のために」

試飲の際に使う大きめの蓋碗を借りて、淹れた。茶葉五グラムくらいを蓋碗に入れ、五度くらい落とした沸騰湯をほんの少し、茶葉が隠れる程度そそいだ。茶葉の質や個性をはっきり味わうには、この淹れ方がいい、数滴の茶を舌の上でじっくり遊ぶように味わうには、この淹れ方がいいと、わたしはかたくなに信じている。

並べた十数個の茶杯に三、四滴ずつ平等に垂らして、飲んでいただいた。

茶杯の底にポタポタッと、よく見なければ、あるかないかわからない、とんでもなく少ない量のお茶に、みんなは声も出さずギョッと驚き、嘗めるように飲んでいる。

初めは、かなり苦い。が、苦味は舌の上で破裂し、まるで苦味の中に身を潜めていたように、甘味が飛び出してくる。

二段構えの強烈な味。

はて、この香りは、何だろう? 青い香り……。この青い香りは何だろう?

わたしはみんなの表情をそれとなく観察しながら、そして香りの正体が何だかわからないまま、五煎まで淹れた。

苦味は繊細になり、見れば、女性たちの白い顔に紅が差している。中には茶に酔い、椅子にぐったり座り込んでいる人もいる。

名茶を探し、飲む旅にしばしば同行してくれる友人で洋菓子研究家の高田いつ美さんが、わたしの横に立って朗らかに言った。

「猪口《ちょこ》一杯も飲んでいないと思うんだけど、満たされるね。お腹もいっぱいになるね。だから痩せるのかなあ」

「さあ、それはどうかしら」わたしは笑って応えた。

お茶で痩せるかどうかはわからないけれど、良いお茶は「もうそのへんで食べるのをやめなさい」と信号を出すみたいに、摂食中枢の働きをまともにしてくれる感じは確かにある。

工場の女性たちもにこにこしている。ひとりが訊いてきた。

「日本では中国茶をそのように淹れるのですか」

「いいえ。陽羨雪芽は大変に良い緑茶ですから、お茶の命をいただきたいと思ったのです。お茶の命は、一滴に現れます。良いお茶は一滴で酔うんです。わたしは緑茶の場合、ときどきこういう淹れ方をして、人体実験をするんです。見て。みんなほんのり赤い顔をして、お茶に酔っていますよ」

人体実験がおかしかったのか、彼女は笑った。

緑茶に限らず、人は良いお茶に酔う。三十数年間のわたしの人体実験結果である。

「今の淹れ方をもう一度やってほしい」茶工場の経営者が言った。わたしは六煎め、七煎めを同じ方法で淹れた。サーバーでは味わえなかった上品な甘味に、自分がつくったお茶なのに驚いている彼を見て、わたしのほうが驚いてしまった。

「その淹れ方の名前は？」工場の女性が訊いた。

「滴茶《しずく》です。わたしが勝手につけた名前です」

「どうしてその方法で淹れようと思ったの？」

「茶葉を見たとき、どのように淹れれば、その茶の命をおいしくいただけるか、茶の葉が囁《ささや》いてくれるときがあるんです」

あざとい言い方をしてしまったようで少々恥ずかしかったが、茶の声を聴くのが、淹れる者の礼儀だと、わたしは思っている。その礼儀が、「工夫茶」という淹れ方のひとつを生み出したのだろうと思う。人間の礼儀と感謝の気持ちに茶が応えてくれたとき、その味は気高く、魂まで酔う。そうわたしは思っているのである。

以前、Yと探し歩いて入ったあの茶舗の初老の男性が、柳の木の下で淹れてくれた「陽羨茶」に通じる気高さが、目の前の「陽羨雪芽」には確かにあった。

天と地とつくった人に感謝する心を「工夫」という。随分昔に読んだ『朱子集』（中国文明選3、吉川幸次郎・三浦国雄監修、朝日新聞社、一九七六年）で知った知識が、蘇《よみがえ》ってくる。

それからわたしたちは経営者に連れられて、「陽羨雪芽」の茶畑に出向いた。

小川に沿った細い、石の転がる泥の山道を、おぼつかない足取りで歩いた。

茶の木は、竹林の中にあった。

すくすく伸びている青竹の間に、背丈の低い茶の木が、さながら竹に寄生するように生えていた。

茶と竹は相性が良い。互いに共鳴し合いながら、竹が茶に「いい茶になれ」と呪文をかけているような景色に見えてくる。

さっき飲んだときはわからなかった青い香りは、竹の香りではないかしら?

竹林を抜けると、なだらかな斜面に、小さな茶畑があった。

左手の斜面を、さまざまな木々が飾っている。

ひと塊《かたまり》の茶樹が、斜面の木々に見守られるように、不揃いに生えている。

青竹や他の植物と共生し、春に摘まれて、製茶されて、気品漂うお茶になってゆく「陽羨雪芽」の畑は、秋の夕方の陽光に包まれ、次の年の春を待っている。

その四

「味のない味」の茶の味と黒い茶碗

泡を飲む——そんなお茶があったのを知っていますか。

宋代に登場する「白い茶」がそれ。変わったお茶があったものです。

王朝が替わると、旧王朝の痕跡を消してしまう中国。お茶も例外ではなく、宋代になると、唐代の煮立てて飲む餅茶《へいちゃ》は姿を消した。いや、消されてしまったのです。


宋代の製茶方法は複雑精巧で、茶の域を飛び出した固形茶を生み出した。それを「団茶《だんちゃ》」という。「団茶」を使って「白い茶」を競い合い、自慢するのが宋代だった。

「白い茶」って、どういうお茶だろう。あれこれ資料を漁《あさ》っていると、こんなお茶だったらしい。

——茶の葉から汁を搾《しぼ》り出す。茶の味は淡《うす》くなり、水色は白くなり、味は淡白になる——。

これではどういうお茶か、わからない。さらに調べを進めていくと、宋代の第八代皇帝徽宗《きそう》が著したといわれる『大観茶論《たいかんさろん》』で、「茶の成分を全部搾り出してしまえ」という記述に出会えた。

茶の成分を搾り出してつくるお茶、故に「搾茶《さくちゃ》」とも言ったようで、どうやらそれが「白い茶」だったらしい。

その味を皇帝徽宗は「無味の味」と讃え、「白い茶」の命は「無味の味」にあると断言し、殊《こと》のほか好んだという。

「無味の味」を生涯追求し、歴史にその名を残した徽宗の「白い茶」――イメージさえ描けない。

わたしは徽宗の「白い茶」を追求することにした。理由はふたつあった。

ひとつは、今のお茶を深く広く知るためにも、過去を知っておきたかったし、「味のない味」の

文人皇帝であった徽宗（上）と、彼が描いた《芙蓉錦鶏図》（北京故宮博物院所蔵）。右の詩文は痩金体の文字で書かれている

茶がおもしろそうだったから。

もうひとつは、日本の茶の湯は「白い茶」の血を引いているのではないかしら、という予感があったからだ。

「白い茶」を追求し、愛した皇帝徽宗は一〇八二年に生まれ、一一〇〇年に皇帝の座に就《つ》き、五十四歳で没するまで政治を嫌い、道教と芸術に没頭した。花鳥風月を描いた院体画《いんたいが》と呼ばれる風景画は惚れ惚れする美しさだし、瘦金体《そうきんたい》という細く鋭い神経質な、でも気品ある書体を創った皇帝としても有名だ。

あるときわたしは東京、上野の国立博物館で徽宗の書に出会い、あまりに繊細で鋭い美しさに、しばし茫然としたものだった。このような書を書く人の「白い茶」は、口に含んだら舌が傷つきそうなキリキリした味のお茶かもしれない、とも思った。

そんな徽宗の好むお茶なら……、わたしはますます追いかけてみたくなった。

宋代は政治に熱心でなかった時代と言われ、その時代を象徴する皇帝徽宗は、とにかく政治は宰相たちに任せ、「白い茶」を追求するあまり、商人に扮して茶を売ったというほどののめり込みようだった。

ときの宰相は蔡京《さいけい》という人で、志も理念も低い男だったらしい。そのような人物を徽宗はなぜ宰相に任命したのだろう？

蔡京は書画に対して高い鑑定眼の持ち主であったらしく、そこを徽宗はお気に召したようであった。政治嫌いの皇帝に、人事の失敗はつきものだろうが、人民にとっては不幸な人選だ。

徽宗が贅沢すぎるから、国家の財政は少しも改善しなかった。財政難は増税で補わなければならない。茶税、塩税は高くなった。

中国人は昔から、茶に取り憑《つ》かれれば財産を失うという。

ささやかな財布の中身とはいえ、この格言を早く知っていれば、わたしはお茶に手を出したりしなかったのに……。

財政確保のため、人民は税金に苦しめられ、各地で逃亡者が続出。やがて武装し、反乱を起こした。徽宗のこの時代を背景に後年書かれた長編物語が『水滸伝』（作者は施耐庵《したいあん》。成立は元末・明初と考えられているが不明）だ。梁山泊《りょうざんぱく》に百八人のならず者が集結して暴れまくる物語に、人びとは喝采した。人民の喝采は、政治への不満である。

芸術家と政治家は対極に生きる者。芸術家は皇帝になってはいけないということなのだろう。が、芸術、文芸から言えば、徽宗の桁外《けたはず》れの贅沢が奇書『水滸伝』を書かせた。唐代の型にはまった詩から自由な宋詩が生まれた。茶は行き着く極点まで行って異形《いぎょう》の茶になる一方、人類の財産とも言える陶芸品や書画の傑作が数多く生まれているのもこの時代の特徴であるから、わたしには興味深い皇帝であり、時代である。

とにかく経済を潰し、文化を残した宋代という時代を牽引した主役が、お茶であった。

宋代の宮廷には文化人や数寄者《すきもの》が集い、「白い茶」に陶酔し、その結果、国は痩せ細った。

茶は飲んでしまえば終わる。証拠を残さず、この世から消える。どれほど高価な茶でも、手が込んだ茶でも、飲めば終わる潔《いさぎよ》さ。芸術的な茶でも、ひと匙《さじ》しかない茶でも、人の体の中を流れて、最後は体の中の汚れを吸い取り、汚水となって排泄して、おしまい。それがお茶なのだ。

中国の茶の道はアブナイ道、徽宗は国を潰すほどの入れ込みようであったから、スケールは大きい。『大観茶論』で、こうも言っている。

――白い茶は、それそのものが一種の種類を成すもので、普通の茶とは異なる。枝は四方に張って広がり、葉はつやつやとして薄い。この茶は崖林の間に偶然に生え出るものであり、人為的につくり出そうとしてもできるものではない。それも芽が出るのは一、二の株にすぎない――。

種類とは品種のことだろう。「白い茶」の葉はつやつやとして薄いと説明しているだけだが、葉の色は緑色らしい。葉自体が白ならば白色とか、〝白い産毛を全身にまとった新芽〟という表現をしたはずだろうから。

普通の茶とは異なっている、と言っても、緑色の茶の葉を「白い茶」と呼ぶはずがない。「搾茶」とも言っているので、やはり飲むときの茶の色を指しているのだろう。わたしはますます「白い茶」について知りたくなった。

徽宗から九百年以上後の現代、茶の品種は何千倍にも増えている。白い芽の緑茶だって、たくさんある。が、それらを「白い茶」とは呼ばない。どうやら徽宗は、つやつやした薄い葉、その葉から汁を搾り出してつくる茶、そしてその茶の飲み方の三点を合わせて「白い茶」と言っているようだ。徽宗はその茶を執拗に追い続けたのだ。

「白い茶」、言い換えれば「搾茶」なる茶は、こんなふうにつくったらしい。わかりやすく紹介すると――。

――新芽を夜明け前に爪で切るように摘み、新鮮さを失わないために、側に汲み立ての水を置いておき、摘んだ芽をすぐに水に投げ入れる。それから蒸す。蒸しすぎると芽は崩れるので、茶葉がつやつやしてきたときに蒸しを終える。蒸し上がった茶葉を圧縮して、汁が尽きるまで搾り取る。しっかり搾り出した新芽の汁を「茶膏《ちゃこう》」という。「茶膏」を、熱すぎない火で焙《あぶ》る（これは多分、水分を飛ばすために茶膏を容器に入れ、とろ火で飴《あめ》のように固まるまで練るということだろう＝著者註）。

茶の葉の汁を搾り出し膏をつくるとき、しっかり搾り出さないと、茶の粒子が稀薄になるので、色も味も二級品になってしまう。一級品は色がすっきりしていて、手に取ると引き締まった感じがし、碾《す》るとパリパリ響く――。

しっかり搾らないと、茶の粒子が稀薄になる？　どういう意味かしら？　ここもわたしはわからない。でも、これが徽宗が完成させた「白い茶」のつくり方で、基本なのだから、ツベコベ言っても仕方がない。

次の件《くだり》は、徽宗はしばし芸術家を離れて、皇帝に戻っているところだ。

――秀気を存分に吸い、山川の霊性を聚《あつ》めて、胸のつかえを洗い流し、清々《すがすが》しく和やかな気をもたらす閩《ビン》（福建省《ふっけん》の古名）の建渓《けんけい》の者たちにつくらせ、献上させる。建渓の龍団、鳳団《ほうだん》は天下に冠たるものだ――。

徽宗自らつくった「茶膏」もあったのだろうが、それを茶の芸術品に高めるのはやはりむずかしく、建渓の茶人たちに命令し、つくらせ、皇帝である自分の献上茶にさせたというわけだ。

建渓は現在の福建省南平市建甌《けんおう》から北方の武夷山《ぶいさん》（烏龍茶の最高級品、岩茶の産地）に至る地域である。

宋代の役人で詩人でもあり、何よりも茶を好んだ蘇軾《そしょく》（北宋、号は東坡《とうば》。四川省眉山《びざん》の人。一〇三六〜一一〇一）も、「建渓の茶は天から与えられたものだ」と詩に詠んでいるほど、この地の茶は上質である。

建渓の茶は「龍団」「鳳団」と呼ばれた。龍も鳳《おおとり》も架空の最高にめでたいイキモノ、この上なく贅沢に固められたお茶のことだ。

搾り出した膏を固めて固形茶につくった後、表面に龍や鳳の絵柄を銀で箔《はく》押しした茶は絢爛豪華で、贅沢は頂点に達した。中でも「龍団」「鳳団」をさらに精密につくった茶を「小龍団」と言い、これ以上精巧なものはできないという最高級品で、国の祭典のとき、良い働きをした官僚四人にひとつずつ下賜《かし》されたという。

完成した「団茶」の色は白とは言えない暗緑色。

これが「白い茶」に変身するの？

どうすれば、どこで白い色に変身するのだろう？

これをどう飲むの？

徽宗によれば、まず「団茶」を適量、砕《くだ》くのだそうだ。

これを「玉《ぎょく》を砕く」と表現している。皇帝と茶は同格なのだ。畏《おそ》れ多いお茶である。

次は、砕いた「団茶」を金属製の茶碾《ちゃてん》（薬研《やげん》のような擂《す》る道具）で丁寧に擂り、粉末にする。このときの音を徽宗は「パリパリ響く」と表現している。薬研で角砂糖を粉にしてゆく音の感じかもしれない。

このとき丁寧に十分に粉末にしておかないと、飲んだとき砂粒のような茶が舌に残り、苦労してつくった茶は不快で、価値のないものになってしまう、と言っている。

みごとにこなれた茶の粉末に湯を注ぎ、茶筅《ちやせん》で「撃払《げきふつ》」(叩くように攪拌《かくはん》すること)する。力不足の撃払だと、茶の泡が散ってしまい、茶ではない、と徽宗は手厳しく注意している。

ここで、わたしたちに馴染み深い茶筅の初登場だ。唐代の〝煮る茶〟から〝点《た》てる茶〟に変わる瞬間だ。

茶筅で力任せに茶を点てるというのだから、茶碗の中で戦《いくさ》が始まる感じだ。いったい、この先、このお茶はどうなるのだろう?

「団茶」がきれいな粉末になりました、と仮定する。では、これをどのように点てる(撃払する)の? 『大観茶論』によれば……。

——膏に少し湯を加え、練って溶かし、膠《にかわ》のようにする。そこで一回めの湯を、茶碗の縁を回るように注いで茶膏をゆっくりかき混ぜ、徐々に撃払してゆく。このとき手首をぐるぐる旋《まわ》すように動かす。すると酵母が発酵するように盛り上がり、白く輝く月が燦然《さんぜん》と生ずる。

二回めの湯は、サッと茶の面に直接注ぐ。こうすれば茶面は動かない。ここでさらに力強く撃払する。そうすれば色艶《いろつや》が出て、珠《たま》のような泡がどんどん出てくる。

三回めの湯は軽く注ぐ。

四回めの湯は控え目に。茶筅は先を転がすように、ゆるやかに動かす。そうすれば、雲霧のような泡がようやく生じ始める。

五回めの湯は好みの量で良いが、茶筅は軽く、満遍なく振る。もしもこのとき泡立ちが不十分ならば、撃払で泡を起こす。こうして初めて靄《もや》も雪もしっかり発生し、香気は完全に生じる。

六回めの湯は、水と茶がよく溶け合って、とろっとしたら、茶筅はゆるやかに払うだけでよい。

七回めの湯は、茶が薄すぎたり濃すぎたりしないように、中庸になるように注ぐ。そうすれば乳液状の茶が霧のように湧き上がり、茶碗の周りにくっついて動かなくなる。飲むときは、浮かんでいる泡を均等に分けて飲む。

点てた茶の色は純白を最上、真色とする——。


一回めから七回めまでのお湯の注ぎ方と撃払で、白く輝く月だとか、雲霧だとか、雪が発生するだとか、まるで茶碗の中の天地創造のような大それた記述をしているけれど、要するに「ねっとり、乳液状の泡を立てなさい」と言っているのである。

でも七回もお湯を注ぎ足しながら点てていくこのお茶、味はどんどん薄くなってしまいそうだ。『大観茶論』によれば、茶筅の竹は老いた竹（中国では筋竹《きんちく》というらしい）でつくる、とある。筋竹という竹をわたしは知らないが、友人の中国琵琶奏者の話を思い出す。琵琶の絃を張る部分に竹が使われているが、中国の竹はやわらかくて、絃の力で抉《えぐ》られやすいのだそうだ。わたしは日ごろ、竹の箸を使っていて、その箸を一膳、彼にプレゼントしたことがある。彼はその竹が堅いのに驚いて、「どこにありますか」と訊いてきた。「大分県の冬の竹です」と教えた。大分県の冬の竹の密度は高く、とても堅いことを知った彼はそれを取り寄せ、琵琶に使っているのだそうだ。筋竹とは、細い堅い冬の竹のことかもしれない。

宋代の茶筅は、手に持つ部分は厚くて重いほうが良く、筅は粗くて強いほうが良く、筅の先は細くする。形は両刃の直刀のように真っ直ぐでなくてはいけない。そういう茶筅ならば、撃払がすぎても、大きな泡がぷかぷか浮くようなことはない、そうだ。

これは桶の汚れをこすり落とすササラそっくりだが、この茶筅が日本の繊細で美しい茶筅誕生につながってゆくのだろう。しかし中国では宋代の一時代でその役目を終えて、姿を消してしまう。刀のように真っ直ぐな竹のササラで、茶を撃払する——やがて誕生する日本の静寂な茶の湯とはかけ離れた点て方だが、茶の湯の産みの母の逞しい姿だ。

茶筅の発明で、宋代の茶は、とにかく極端に変化した。ササラ茶筅で撃払して、細かい、ねっとりとした泡（細乳という）を立てる。ところが、それだけでは宋代の皇帝や文人官僚たちは満足しなかった。茶碗の中の泡で絵を描く。その絵が一秒でも長く崩れず保てているかで茶の優劣を競い合う、いわば〝前衛茶会〟が、華やかに行われたのだ。これが宋代の「闘茶」という茶遊びだった。月に松、梅に鶯《うぐいす》などの絵を泡で表現し、その「泡絵」が崩れないで、何十秒か何分か、長く維持できた茶が勝利する。

主役は茶の味ですか、描いた人の技術ですか、一秒でも長く絵を保った泡ですか。お茶をわからなくしてしまう茶会だ。

最高の茶の味は泡の味、しかも絵が描けるほどねっとりとした、白い泡の味——これが宋代の茶であり、茶の味だったのだ。そして勝者の茶が皇帝献上茶になったということであるから、わたしの驚きも極点に達してしまう。

それにしても、撃払して、ねとねとの泡だらけに点てた茶は、どんな味かしら？

茶の味や香りは、何度もお湯を足され、撃払され、失われないの？

それを確かめるために、わたしは「白い茶」の再現に挑戦した。

何度も失敗し、額に汗してつくったわたしの「団茶」で点てた泡は、〝白く輝く月が燦然と生ずる〟なんてとんでもない。泥沼にぷくっと、頼りない気泡が二つ三つ浮かんだだけだった。

徽宗サマ、乳液状になった茶が雲霧のように湧き上がり……だなんて、ウソでしょう？　中国人が大好きな過剰表現ではないですか。

竹のササラでどのように撃払すれば、茶が残らず泡になり、しかもとろりとしたムース状になるのですか。

結局わたしがつくった「団茶」は不出来だったので、万事休すということになる。

未練はあったが諦めかけていたそのとき、中国の茶人に宋代の「茶膏」づくりに挑戦した人がいて、その人がつくった茶膏の粉末を、幸運にも手に入れることができたのだった。

未練が運を運んでくれた！

そのお茶で、わたしは再び宋代の泡の茶を点ててみた。

茶碗は建窯黒釉《けんようこくゆう》の大ぶりの盞《さん》（茶碗）を使った。茶筅は丈十五センチの日本製の竹ササラ。

いただいた「茶膏」の粉末（茶末という）は微かに黄色。

緑色の「団茶」を粉末にすると、黄色っぽい粉になるのだろうか。

わたしは精巧緻密な「団茶」づくりに失敗しているので、いただいた茶膏の粉末の色を記すしかないのだが、その茶末を一グラムほど茶碗に入れ、お湯を注ぎ、ササラで撃払した。が、肝心の泡は立たなかった。

茶末を二グラムに増量してみた。やはり泡は立たない。もしかしたら、日本製のササラは筅の数が多すぎるのかもしれない。考えた末、三グラムの茶末にお湯を注《さ》し、日本の茶筅の先端をバッサリ切って、真っ直ぐにつくり変えた茶筅で撃払してみた。

ヤヤ、泡が立ってきたぞ！

さらに撃払を続ける。かなりねっとりした泡が、こんもり立った。

まるで化学実験か料理教室みたいだ。

次は絵かきにならなくてはいけない。茶碗の中の泡に絵を描くのだから……。

どうすれば梅に鶯が描けるの？

宋代の文人闘茶では、茶筅で描いたのか、それとも筆か箸か竹ベラのような道具を使って描いたのか。『大観茶論』にその記述はない。が、どんな道具を使っても、わたしは木一本、描けなかった。

泡絵は諦めた。これにには未練はなかった。しかし、せめてムース状の泡は点ててみたい。

しつこくもわたしは次に、筅が七十本の日本の茶筅で三グラムの茶末にお湯を注し、点ててみた。

果たして、白い泡が相当立ってきた。

「ホイップクリーム製作中」なんて頭の中でぶつぶつ言いながら腕が疲れるほど撃払を続けると、

泡はねっとりムース状になり、もっこり盛り上がってきたのだ。そして日本の繊細な茶筅の先はひん曲がっていた！

徽宗は「茶碗の周りにくっついて動かなくなる泡を均等に分けて飲む」と言っている。

「白い茶」は、撃払して点ててできる「白い泡」だったのです！

「白い茶」は、泡を飲むお茶だったのです！

これを均等に分けて飲むには、その道具が要る。わたしはレンゲで泡を掬《すく》い、小さな茶碗に移して飲んだ。舌が切れそうなキリキリしたお茶ではないかしらというわたしの予想は完全に裏切られ、カプチーノの泡を飲んでいるような、舌にやさしいまろやかな感触。

何回も再現実験を繰り返して、わたしはやっと「白い茶」が理解できた気分になった。

泡を飲むだなんて、これがお茶？　などと野暮なことを言ってはいけない。

撃払を笑ってはいけない。

茶の葉の成分を搾り出し、捏《こ》ねられ、煮詰められ、銀箔を押され、粉にされ、撃払され、いじめられた果てにねっとりした泡にされる「白い茶」はあきれたお茶である。気の毒なお茶である。でもこれが宋代の茶だったのです。

徽宗サマの茶に、茶好きは多分、初めは驚き、次は喜び、そして至難の泡絵闘茶を楽しんだのだ！

泡の味は、まずくはなかった。緑茶の味ではなかった。現代の茶にはない味。珍味でもない。徽宗が求めた「味のない茶の味」であった。

茶末はお湯に溶けた。ほとんど泡になってしまったのだから、徽宗サマが心配するザラッと舌に残る砂粒の感じはなかったけれども、泡になり切れず茶碗の底にわずかに残っていた茶水を飲んでみると、ザラッと茶末が舌に触れた。茶水が残らないように全部泡に点てなければ、失格なのだろう。

味のない味の茶――それが徽宗の茶であり、宋代の茶人の到達点だったのだ。

宋代の茶人はデカダンス的変人なのか。それとも人を狂わせるような底の知れない魔が、茶にあるということなのか。

近づいては遠のく。遠のいては近づく。どこまでいけるか、茶との競り合い。「白い茶」がそう言っているようであった。

徽宗は『大観茶論』で「茶には真香があり（中略）桃の仁《たね》（種の中の果肉のこと）のような匂いのするものもある」と、香りが潜んでいる茶を絶賛している。

「白い茶」に、そのような香りがあるのかしら？ わたしが点てた「白い茶」の泡に、その香りはなかった。この疑問も長い間わたしの胸ぐらを摑んで放さなかったのだが、ある日、これが突然解けた。

二〇一七年の初夏のことだった。中国茶と紅茶がなければ一日も暮らせないという、まるで中国女帝のような友人の千原和子さんが、茶専用のガラス容器に「白毫銀針《びやくごうぎんしん》」という現代の「白茶」を入れ、軟水の良い水でひと晩おいたお茶を飲ませてくれた。水出し「白茶」である。

「白毫銀針」の茶葉は白い産毛にすっぽり覆われているので「白茶」という。

現在の中国茶は緑茶、青茶（烏龍茶）、白茶、黄茶、黒茶、紅茶の六つに分類されていて、「白茶」は、清朝時代の一七九六年に福建省の福鼎《ふくてい》で初めてつくられたお茶で、徽宗の「白い茶」とは異なる品種である（徽宗の『大観茶論』は「白茶」と記しているが、徽宗の茶は現在の「白茶」と異なるため、敢えてわたしは「白い茶」と表現し、区別しています）。

白い産毛に包まれている「白毫銀針」の茶葉はお湯がなかなか浸透しないので、味が抽出されるまでに数分かかる。短気な人はイライラする。とりわけ水出しの場合は茶葉がいつまでも水面に浮いている。水分をたっぷり吸って茶葉が重くなり、容器の底に沈み、味と香りが出てくるまでひと晩はかかる、気の長いお茶だ。

およそ三十時間経ったそのお茶を飲んだとき、わたしは目を剝《む》いた。水色は透明度の高い淡い黄色、その味は上品で、仄《ほの》かに甘かった。

驚いたのは香りである。その香りが桃の仁を思わせたからだ。徽宗の言う桃の仁は、このような香りだったのではないかしら？

そのとき千原さんはこんなことを言った。

「この茶の木の側に桃の木がたくさんあるそうです」

徽宗が味わった「白い茶」の茶樹の側に桃の木が何本も生えていて、茶の葉に桃の香りが移り、点てた「泡」から徽宗はその微かな香りを感じたのかもしれない。

花や果実の香りの「気」が、茶の葉に移る……。茶の木は周囲の香りの良い植物の根とシンクロナイズする。わたしはそう思っているのだが……。

泡を飲む「白い茶」体験で、もうひとつ腑に落ちたことがあった。

「白い茶」を点てて飲むときの茶碗がなぜ黒釉なのか、ということだ。白い泡を引き立てる色が黒だからだ。白を美しくする黒。こんな簡単な答えでも、やってみなければ、その美はわからないことだった。

宋代の皇帝、文人は黒釉の茶碗、建盞《けんさん》を最高と位置づけている。生産地は福建省、武夷山近くの建窯なので、建盞と呼ばれる。盛んにつくられた黒い釉の茶碗で「白い茶」の泡をより白く、より美しく、雪のように見立てる必要があったからだ。

中国の芸術家にとって大切な〝見立ての美学〟が、茶と器の色にも求められたのだ。曜変天目《ようへんてんもく》、油滴《ゆてき》天目、木の葉天目、兎毫盞《とごうさん》などの釉薬《ゆうやく》は今なお再現不可能で、日本に三碗だけ残る曜変天目は建窯で焼成された至宝、美術館に収められているが、当時はたくさんつくられた。

徽宗は「玉毫《うさぎのけ》のような筋目が通った茶碗が最上だ」として、こよなく愛した。

徽宗は兎の毛のような細い細い筋目に金色の釉薬を使った兎毫盞を特に好んだ。見込み（内側の肌）にきらびやかで妖艶な文様を浮き上がらせている曜変天目や油滴天目より、黒い簡素な兎毫盞のほうが、白い泡をいっそう美しく引き立たせるからだろう。

しかし、北宋、南宋、合わせて三百二十年続いた宋王朝が倒れると、「白い茶」は泡のように消えた。建盞も姿を消した。再現不可能な釉薬の謎だけを残して……。

二〇一七年、友人たちと秋の武夷山に行ったときのことである。

わたしは中国人の親友、葉力立《ようりきりつ》さんという旧友を訪ねた。彼は作家で書家で、陶磁器にも造詣の深い茶人で、元上級文人官僚だった。数年ぶりに再会した彼は、苦しく忌まわしい役人の日々であったらしい過去がひと目で読み取れるほどに老けて、体はひと回り小さくなっていた。

聞くところによれば、歯に衣着《きぬき》せずモノを言う彼を目障りに思っている上の役人が彼を遠い地へ左遷しようと企んでいるのを知り、そうなる前に辞表を提出した。すると上の役人は「汚職嫌疑逃れではないか」と彼を逮捕するよう手を打ったということらしい。彼は身分を剝奪され、逮捕された。彼の主張は無視された。

数年間牢獄につながれ、不遇の生活に耐え、解放されたときは体から脂が抜け、頭髪も薄くなり、痩せていた。なのに何年かぶりにわたしを見詰める眼差しには、とても重要なこの世の星を新たに手にしたような清らかさがあった。夫人ははちきれそうに明るい表情で、わたしを迎えてくれた。わたしが釈放後の初めての訪問者であったらしく、友、遠方より来たるという思いがあったのだろうか、いつも目元や背中に暗い影を落としていた数年前の自分をどこかに捨ててきたかのように彼女は終始微笑《ほほえ》んで、岩茶（烏龍茶）を次から次へと淹《い》れてくれた。

倒水坑《とうすいこう》の「肉桂《にっけい》」、蓮花峰の「白瑞香《はくずいこう》」、水簾洞《すいれんどう》の「老欉水仙《ラオチヨン》」……。

わたしたちは文芸や書画骨董などの話を交わしながら、夫人が淹れる岩茶をひたすら飲んだ。どれも深い味に木犀《もくせい》や沈丁花《じんちょうげ》の香りがやわらかく広がり、渇いた細胞にひたひた染み込んでいくのがわかる。話も笑いも途切れることなく続き、気がついたら日が西に傾いていた。帰ろうとすると、彼はウコン色の布に包んだみやげをくれた。わたしはその場で包みを開いた。口径十一センチほどの黒釉の茶碗が現れた。地肌は枯れた黒で、艶やかな肌が特徴の建窯の黒釉天目茶碗とは異なり、地味で控え目で、慎ましやかな表情の茶碗であった。

彼直筆の説明書が添えてあった。「遇林亭窯《ぐうりんていよう》の盞」。初めて聞く窯の名前だ。彼はこう説明してくれた。

「北宋建窯の重要な窯のひとつです。遇林亭は武夷山にある東屋《あずまや》の名前で、だれ彼となくそこでお茶を喫《の》んだのです。その近くに造られた窯です。北宋時代の黒釉天目茶碗は武夷山周辺の窯で焼成され、総称して建盞と言います。水吉窯《すいきちよう》、遇林亭窯も建窯の仲間です。遇林亭窯は武夷山地元の大変に珍しい重要な窯です。発掘すれば、まだまだ北宋の窯址が見つかるでしょう」

「そんな歴史的な貴重な茶碗はいただけません」と奥床しく遠慮すべきところを、はしたなくもわたしは、

「いただきます。ありがとうございます」と、頂戴してしまった。

その晩、友人四人をホテルのわたしの部屋に招いて、茶会を開いた。お茶は岩茶「肉桂」、茶碗はいただいたばかりの「黒釉遇林亭盞」、茶菓子は日本から持参した明石《あかし》の丁稚羊羹《でっちようかん》だ。

部屋に備えてあるホテルの白磁蓋碗に「肉桂」をたっぷり入れ、武夷山の軟水を沸かして蓋碗になみなみ注ぎ、十数秒経ってから、いただいた黒釉建盞に白磁蓋碗の「肉桂」の茶湯《ちゃとう》を移し入れた。

「肉桂」の琥珀《こはく》色の水色は茶碗の黒に吸い込まれ、無色透明に。

五人で回し飲みした。仄かな木犀の香りの甘い味に全員がうっとりし、昼間の疲れが皮膚から蒸

発していくようであった。

飲み干して空になった黒釉茶碗に二煎めを白磁蓋碗から移し入れようとしたときだった。わたしは思わず興奮して、「見て！」と声を上げた。濡れた黒釉茶碗の肌から虹のような淡い光線が放射し、あるかなきかの黄白色の微小な星が、見込みの肌一面に浮き上がっていたのだ。

うわぐすりの宇宙！

釉薬は秘密中の秘密、焼きものの命である。釉薬の秘密を外に漏らしてはならないと、皇帝は陶工を殺してしまったという話もある。

わたしたちは黒い肌から限りなく淡い紫色、金色、青色の入り交じった色彩が絡み合う虹のような輝きに夢幻界を見ているような感動に溺れながら、「肉桂」を何煎も楽しんだ。一日のうちに四、五十分もこんな楽しい、驚異の時間があれば、それで十分幸せ。

宋代の「白い茶」と黒釉建盞――茶水で濡れた肌の変容の美まで味わえるのが、黒釉建盞だったのだ。宋代の皇帝、文人たちは目でも茶を飲んでいたのだ。

今は美術館に収められ、手の届かない鑑賞品になっている曜変天目で「白い茶」を飲む。どんな味がするだろう。

茶碗の肌は、わたしたちをどんな地上の宇宙に連れていってくれるだろうか。

喫した者をどんなふうに興奮させ、幸せに導いてくれるだろうか。

遇林亭窯の黒釉建盞の衝撃で、わたしに新たな欲が湧いていた。手の届かない欲であることはわかり切っているのだけれど。

その五

「色のない色」の茶の色

「これぞ天下無双《むそう》、色なき色の茶の絶品」

緑茶「龍井《ロンジン》」をそう褒《ほ》め讃えたのは、清朝第六代皇帝、乾隆帝《けんりゅうてい》（在位一七三五〜九五）だ。

贅沢皇帝と言われる乾隆帝の味覚を満足させた〝色なき色の茶〟を、中国の茶人は〝貴白《グイバイ》〟と表現する。

色のない色のお茶の色って、どんな色なの？

そんなお茶、あるの？

天下にふたつとない味の「龍井」って、どんな味かしら？

貴白＋天下無双の「龍井」――生涯に一度は出会いたい、飲んでみたい。そう思うのが、取り憑《つ》かれた者の因果というもの。

乾隆帝は江南の地が大好きで、在位中、北京から浙江《せっこう》省地方を数回訪れている。

三回めの巡幸のとき、初めて龍井村に足を運んだ。

ここらでひと休みと、龍井という名前の井戸のほとりで休憩、茶を喫した。そのときのその茶のおいしさを天下無双と讃えた。色のない色の茶の気高い色を〝貴白〟と絶賛したのは、このときだったらしい。

宋代の徽宗《きそう》皇帝（一〇八二〜一一三五）のように、茶にのめり込むと国が傾く。乾隆帝は自らを戒めていたようだが、「茶がなければ、一日も生きてはゆけない」という皇帝のひとりであり、「龍井」を有名にしたのが、ほかならぬ乾隆帝だった。

乾隆帝は詩の才能にも恵まれていたので、貴白や天下無双の言い回しも、中国の詩人特有の、ちょっと大袈裟《おおげさ》なレトリックではないの？　そう思ってもみたのだが、どうやらそうではないらしい。

ならば、その「龍井」、今もきっとどこかにあるはずだ。

とにかく飲んでみなければ、話は始まらない。乾隆帝を唸らせた「龍井」に巡り合いたくて、天安門事件の年（一九八九年）の夏、「龍井」がある地へ行ってみることにした。

「なにも、今行かなくても。危険よ」と、みんなは止めた。

「国が荒れているから行かないだなんて、中国茶とつき合う資格はない。平和なときに飲むだけが、お茶ではないでしょ。お茶に訊いてごらんなさい？」と表向き息巻いたが、色なき色のお茶「龍井」が、「こっちに来い、こっちに来い」と呼んでいたようで、わたしは天安門事件で空気がまだピリピリしている中国、浙江省杭州市の龍井村を初めて訪ねたのだった。

龍井村は、杭州市西部の広大で美しい西湖の西南にある。村を囲む山々が、「龍井」の産地だ。

白居易に「春、湖上に題す」という、よく知られた詩がある。


春がくると、西湖は絵のようになる。

高い峰、低い峰が湖を囲んでいる。

水面は平らかで、山を覆う松は翡翠《かわせみ》が羽を重ねたように茂っている。

月の光は湖面の波の真ん中で点になり、ひと粒の真珠のようだ。

美しいこの杭州を立ち去る気には、まだなれない。


とまあ、こんな詩である。

五十四歳で杭州刺史《しし》（行政長官）を命じられ、この地に左遷された白居易は二年間滞在し、数々の西湖の美を詠み、茶を楽しんだ。

宋代の蘇軾《そしょく》には、「西湖を絶世の美女、西施《せいし》に比べてみるならば、薄化粧も厚化粧も、どちらもその姿によく似合う」（四行短詩「湖上に飲み、初め晴れ、のちに雨降る」より）という有名な二行がある。

蘇軾は三十六歳で杭州の通判《つうはん》（副知事）として赴任し、足かけ三年間滞在し、西湖の美しさを詠《うた》い、ひたすら茶を飲んでいた。ついでのことながら、蘇軾のこの二行が、江戸時代の松尾芭蕉に影響を与え、有名な一句をつくらせている。

象潟《きさかた》や雨に西施がねぶの花　（『奥の細道』）

とにかく蘇軾よりずっと先に生まれた白居易がその美しさを詩にするまでは、人気観光地の西湖は世に知られていなかったのだから、白居易の詩の宣伝効果、経済効果は大きい。

この美しい湖を眺め囲む山々に生育する茶が「龍井」である。

普通まとめて「西湖龍井」という。が、「獅峰《しほう》龍井」「虎跑《こほう》龍井」はその中でもとりわけ上等で、特に「獅峰龍井」は最高級茶である。

「杭州龍井」というものもあるが、品質は高くなく、一般的な茶だ。

ふたつとない味、色のない色の茶の色と讃えられた茶の木は、どこに生えているのだろう。どこで飲めるのだろう。

乾隆帝より三世紀を経た二十一世紀、現代の製茶技術は向上し、お茶を飲む人の層も変化している。が、一番肝心なことは、お茶をつくる人の気持ちである。経済活動に向かっているのか、文化に向けられているのか。どちらに向けてお茶をつくっているのかで、味も色も全然違ってくる。

今儲けなければ、いつ儲ける。儲けられるときに儲けてしまえ。それが現在のおおかたの中国人なのだ。が、少し前は、経済も文化も眼中にない茶の受難時代、茶の荒廃期だった。毛沢東の中華人民共和国成立（一九四九年）から一九八九年の天安門事件を経て、二〇〇〇年ごろまでの江沢民《こうたくみん》総書記時代だ。中国はこの時期、国の歴史を彩る偉大なる茶の文化を遠いものにしていた。

とりわけ毛沢東時代、茶は王侯貴族の贅沢品、封建時代の遺物と決めつけられ、茶畑は無残に荒廃した。

お茶好きの文化人は、手元の茶をそっと土の中に隠したりして、守ったという。

貴重な文化遺産を破壊した文化大革命（一九六六〜七七年）の嵐もようやく治まり、鄧小平《とうしょうへい》の改革開放政策により、茶は地域産業としてぼちぼち表舞台に登場はしたが、倒され、消えた茶樹は、そう簡単に息を吹き返しはしなかった。

習近平《しゅうきんぺい》総書記登場の二〇一二年ごろから、猛烈な勢いで進められた経済最優先主義下でも、上質な茶の復活と茶文化復興への情熱は、わたしの目には頼りないものに映っていた。

茶はそう易々《やすやす》と人間の都合に合わせてはくれない。と同時に、長い茶の受難時代に、中国人は上質な茶の味を忘れてしまったのではないだろうか。

手強《てごわ》い飲み手がいなくなり、茶農家は目標を失ってしまったのだ。

あの「龍井」も、遥かかなたへ去ってしまったようだった。

それでも乾隆帝が絶賛した古《いにしえ》の「龍井」を思い続けているわたしは、現代中国人の金銭欲に冒されていない〝色のない色の茶の色、天下無双の茶の味〟を探し歩いた。

どこかでひっそりと息をしている名茶と巡り合い、そのお茶をだれかと飲む。それがわたしの茶の遊び、茶で遊ぶ生き方なので、情熱は静かに燃え続けた。

天安門事件の年の夏、わたしは中国に行き、龍井村で龍井茶製造専門家のお茶をいただくチャンスに出会えた。

観光客の姿はない。茶どころはひっそり静まり返って、村人しかいなかった。

飾り気のない質素な建物の中に案内されると、まもなく茶研究者という女性が表情を強張らせて現れた。白衣を着た、いかにも学者風の中年女性だ。

「こんなところへ、なぜ日本人が……」と不審な思いがあったのだろう、事務机の上に急須と茶碗を用意して、硬い表情のまま「龍井」を淹《い》れてくれた。茶道具は景徳鎮窯《けいとくちんよう》の一般的な白磁の急須と茶碗、水は龍井村の井戸水。

わたしはパイプ椅子に座って、彼女の手元をじっと見詰めていた。

一煎め、水色は淡い黄色。味は淡いと言うべきか、薄いと言うべきか。

「これくらいの薄い味でいただくのですか」

「薄くておいしいのが龍井茶の命です」と彼女は答えた。

茶は嗜好品、人それぞれに好みは違う。頼りないくらい淡い味を好む人はいるだろうが、淡い頼りない味が「龍井」の命ならば、わたしの嗜好で言えば、天下無双はやっぱり大袈裟な気がしないでもなかった。

「周恩来さんは龍井が大変にお好きだったようですね」

「はい、大好きでした」

彼女の表情が少しやわらいだ。周恩来さんのファンだったのだろう。周さんはあるかなきかの、こんな薄い味を好んだのだろうか。

緑茶は癌《がん》を抑制するとかで、健康志向の潮流に乗って現在、緑茶関係者はその薬効を評価し、宣伝している。味、歴史的な価値、薬効の三点セットで、名茶の市場価値は高く、「龍井」はその最高峰に位置する緑茶のひとつになっている。

毛沢東のカリスマ性、文化大革命、日中国交樹立に至るまでの内政、外交等々の苦難で、周恩来さんは長年、想像できないほど神経を酷使していたはずで、そのストレスが原因かどうかはむろんわからないけれど、癌で命を失っている。

一九七七年に文化大革命の幕は下りたが、政治家としてのすさまじい神経戦の中、おそらく暴れまくる癌細胞と闘いながら、激しい痛みが襲うのを顔には出せず、自身の仕事をこなしていたのだろう。かつて彼に仕えていた人の話が、わたしの記憶に鮮烈に残っている。

「病院でふさわしい治療を受けていれば、克服できたかもしれません」

適切な治療を受けさせなかったのは毛沢東だったという話を耳にしたことはあるが、そうであったのかもしれないし、そうでなかったのかもしれない。が、確かなことは、周さんは家にいるわずかな時間、「龍井」をゆっくり楽しみ、自分だけのひとときを静かに過ごしたということだ。ひとり、静寂に包まれて好きな茶を飲む男の姿に、わたしは色気を感じる。

「周恩来さんが飲まれた龍井は、ありますか」わたしは訊いてみた。

「近いお茶はあります」

「近いお茶って？」

「同じお茶は少ししかできないので、今はもうありません。それに次ぐお茶です」

少ししかできない春茶「龍井」は、昔も今もそれなりの人に届けられるということなのだろう。今は夏、春茶はもうない。わたしは、それに次ぐお茶を淹れてほしいとお願いした。

その茶葉の色は、それまで見たことのない鮮やかな光沢ある翠色《みどり》で、葉の中央が心なしかぷくっと膨らみのある扁平形《へんぺい》をしていた。

「龍井」の茶葉はユニークな扁平形が特徴だ。茶製造者が経験を重ねた結果、奇妙なその形が最もおいしい味になると発見したのだろう。

しかし現在、市場に出回っている葉は紙のようにペチャンコの扁平形、色も全体がいくらか黄色で、緑色はほとんど失せている。

「龍井」の緑色は、苦味の色である。

黄色は、苦味を封じ込め、甘味を出す色である。

現在、ほとんどの「龍井」の茶葉は黄色が優っているので、苦味のないお茶が多くつくられている。

彼女が淹れてくれた二番めの「龍井」の水色は、最初に淹れてくれたものとそれほどの違いはなく、淡い淡い黄色を呈していた。

ところが、味はまったく違った。微かに苦く、仄《ほの》かに甘く、緑茶の上品な香りが、そよそよと吹く緑風のように、ふわりと鼻孔を通り抜けていく気持ちの良さがあった。渋味はなく、軽い甘味と、それよりもっと軽い苦味が、舌に残った。

こういう淡い色、軽い味の茶を、天下無双、あるかなきかの茶の色と乾隆帝が言ったのかどうか、やっぱりわからない。叶うものなら乾隆帝と並んで飲んで、

「この味ですか。この色ですか」と訊いてみたいものだ。

わたしは窓の向こうに広がる景色を眺めた。

西湖の周りを流れるようになだらかに広がる茶の山を眺めた。

茶畑の景色は、どこも平和だ。

白く薄い雲が少しばかり浮かんでいる青空の下を、風が音もなく流れていく。

ゆったりした風景。

口の中の「龍井」の残り香。

それらがわたしの体の中で調和し、心が平らになっていく感覚……。

お茶がくれるしばしの平和……。

わたしは二番めの「龍井」を買った。百グラム一万二千円くらいだった。当時の中国の公務員の平均的月収の三倍と高価で、破格の茶であった。

あのときの「龍井」が「天下無双、色なき色の茶の色」のお茶かどうか、わからない。疑問はわたしの中にそのまま残った。


お茶と水の関係は、摑みどころがなくて、興味が尽きない。

お茶はその茶の生産地の水で淹れるのが最もおいしい、と言われる。

その通りだろうが、輸送設備の発達していない時代はいざ知らず、現代は世界各地の名水が買える。が、名水が名茶に適《あ》うとは、必ずしも言えない。名水の性質との相性があるからだ。

さらに厄介なことに、人の舌は千差万別。加えて、健康回復を目的に、水を指定する人もいる。

ここまでくると面倒で、お茶を淹れる気持ちも飲む気持ちも萎《な》えて、名茶を継続して飲むのはむずかしい。それで、わたしは問われると、いつもこう答えている。

「お茶は日常生活の大切な嗜好品ですから、自分の持続可能な水がいいと思います。日常使っている水を使うのが一番楽で、長続きしますね」

とは言うものの、普段、水道水で茶を淹れていた人が、ある日あるとき、茶の専門店や茶にこだわっている人が淹れた味にびっくり仰天したりする。

そのとき、お茶のおいしさのカギは水にあり、と気づく（淹れる人の心根も味に大いに影響するのは事実だが、この話は厄介極まるので、触れない）。

水の大切さに気づいたときから、その人のお茶の味は劇的に変わる――。

当然のことながら、わたしは「龍井」を龍井村の井戸水で飲んだのであるが、杭州には名水がたくさんある。龍井泉、虎跑泉《こほうせん》、玉泉、獅峰泉、龍泓泉《りゅうこうせん》の水が有名で、水源は武林山《ぶりん》。武林山の地下水を武林水という。長いときを経て、暗闇の地下から溢れ出てくる水が名泉をつくり、西湖に流れていく。

名泉の中でも特に有名な名水が虎跑泉。

西湖の西南五キロメートルほどの緑に囲まれた地に、その泉はある。表面張力の強い珍しい水で、こぼれそうなほど水が入ったコップに、わたしは一円玉を浮かべてみたことがある。一円玉は沈まず、水はこぼれず、横から見ると、コップの水の表面はなだらかな弧を描いて、盛り上がっている。

この泉には伝説がある。

唐の八一九年、性空和尚という高僧がこの地で修行しようとやってきたが、水がなかった。水がなければ、茶は飲めない。茶が飲めなければ、睡魔を撃退できない。睡魔は坐禅の敵、敵を追い払うのがお茶の役目なのだ。あした、水がある地へ移ろうと決めて眠りにつくと、夢に神仙が現れ、「一日待つがよい」と告げた。

次の日、二頭の虎が穴を掘り、きれいな水を湧き出させてくれたということで、虎跑泉と名づけられたのだそうだ。跑は跳ぶという意味である。

虎跑泉の水で、わたしは「龍井」を淹れてみた。余韻のない、素っ気ない味だと思った。相当に硬い水なのだろう。煮出して飲む唐代の苦い文人茶には適ったのかもしれない。

龍井村で淹れてもらった「龍井」の味は、甘味も苦味もやわらかくて、やさしい余韻があった。それほど距離は離れていないのに、水の性質は違うのだ。

お酒に適う水を男水、お茶に適う水を女水という。お茶はやわらかい女水が好きなのだ。水は繊細な生きもの。お茶を淹れると、それがよくわかる。

「龍井」の製茶は唐代に始まっているが、そのころの名前は「龍泓茶」、村の泉、龍泓泉に因《ちな》んで、そう呼んでいた。

あるとき、村人が泉の側に井戸を掘った。すると中から龍の形をした巨石が現れた。村人は瑞《ずい》兆《ちょう》だと喜び、井戸の名前を龍井とつけた。ついでに村の名前も龍井村に改め、茶の名前も「龍井」にした。龍井一色の土地になった。

病気回復を目的に、水を指定して茶を飲んだ歴史上のひとりに、王安石《おうあんせき》（一〇二一～八六）がいる。彼は詩人で政治家で茶人で蘇軾の親友だが、政治家としての思想は、蘇軾と正反対だった。簡単に言えば、北宋時代、皇帝は政治より芸術や茶に熱心だったため出費が多く、財政の立て直しを図らねばならなかった政治家は、新法派と旧法派に分裂した。新法派は「改革は大胆に急げ、急げ」という人たちで、リーダーが王安石。

旧法派は「そんなに急いで改革すると国が混乱するのがおち、熟考しながら進めるほうがいい」という人たちで、蘇軾は旧法派だった。

思想は正反対なのに、王安石と蘇軾はともに詩を詠み交わす文人同士であり、茶の友だった。

蘇軾が故郷の四川省《しせん》に帰省するという話が、王安石の耳に入った日のことである。

「長江を下って帰ってくるんだね」と王安石が訊く。

「そうだが」

「長江中流の水を汲んできてほしい」

「いいとも。その水をどうするんだ？」

「その水で茶を飲みたいのだ」

蘇軾は引き受けた。

故郷での用事を終え、長江を下っての帰路、あたりの景色に見惚れていた蘇軾は、頼まれごとをすっかり忘れてしまった。

「これはいかん。しまったな」

蘇軾が気づいたとき、船は下流を下っていたのだ。蘇軾は下流の水を容器に汲んだ。

都に着いて、その水を王安石に手渡した。喜んだ王安石は家に帰り、早速その水で茶を淹れた。

「なんとまずい茶だ。この茶では、わたしの体は良くならない」王安石はがっかりした。

翌日、真っ先に蘇軾に会って、問い質《ただ》した。

「わたしは中流の水がほしいと言ったはずだがね」

「中流の水ではないと、どうしてわかったのだ」

「胃が悪いのだ。上流の水は強くて、胃に重い。下流の水は不純物が多く、茶の味がよろしくない。今のわたしはきれいな中流の軟らかくなった水で、茶をおいしく飲みたいのだ。わたしの胃にいいのだ」

「絶景に目を奪われて、うっかりした。すまなかった」蘇軾は謝った。

神経を使いすぎると胃を悪くする。胃に神経が集中するからだ。改革を急いだ王安石は神経過敏になり、胃を壊していた。それでも六十五歳まで生きた。十一世紀の人としては、長寿のほうだろう。水を選んで茶をおいしく飲む。そのひとときを疎《おろそ》かにしなかったからかもしれない。

蘇軾は茶も旧法派だった。つまり徽宗の「白い茶・泡茶《あわちゃ》」を好まなかった。宋代の派手な「団茶」を好まなかった蘇軾は、唐代の陸羽《りくう》の〝煮立てる茶〟が好きだった。

改革を急げ、急げの一部の政治家グループの政略で、蘇軾は三十六歳のときに副知事の肩書で杭州に左遷され、その後、黄州（湖北省）へ、それから知事として杭州へ戻され、最後は、当時地の果てと言われた海南島へ……。

あちらこちらへ流されるが、蘇軾という人はどこへ左遷されても、その地に馴染んだ。

杭州は「龍井」の地である。茶好き蘇軾にとっては、ありがたい左遷地だった。仕事はたいして忙しくない。科挙試験の試験官も蘇軾の仕事だった。試験官なんて暇なので、彼は唐代のように茶を煮て、飲んでいた。

「試院《しいん》に茶を煎《に》る」は、そのときの詩。試院は科挙試験の会場のことである。こんな件《くだり》がある。

銀の瓶で湯を注ぐ宋代の点茶は、
唐代の煎茶の奥義《おうぎ》を知らないやり方だ。
貧困と体の不調で今のわたしは、
故郷、蜀《しょく》（四川省）の峨眉山《がびさん》の名茶を飲むために持っていた唐代の茶碗、玉碗も手放してしまった。
それでも唐代の文人諸侯に教わった茶をつくり、
必要最低限の道具は、行く先々まで持っていく。
日が高くなるまでたっぷり眠って、
起きれば一碗の茶があることを願うだけだ。

朝の一碗の茶ほど、おいしいものはない。
朝の一碗の茶ほど、幸せにしてくれるものはない。
蘇軾は試験官を務めるときも、会場の外でのんびり茶を飲んでいた。

肝っ玉の小さい男は上役の目が気になって、こんな身勝手はできない。

相当に過激な意見を言う役人蘇軾は、しょっ中左遷された。役人在籍中の十四年間が左遷生活。そういう暮らしから「人生寄《よ》るがごとし、なんぞ楽しまざる」の境地に至ったのだろう。

ふてくされて、酒に呑まれて体を壊し、頭の鈍くなった者は、自分を見失うのが相場だ。人生は束の間、夢のようなもの、どうして楽しまないでいられようか。

茘枝《れいし》の産地、広東《カントン》省へ左遷されたときは、「毎日三百個も食えるとあっては、永久に広東の住人になってもかまわない」と詩に詠んだり、湖北省の黄州では、権力者や富豪が目もくれない豚肉をただ同然に買ってきて、コトコト煮て脂を出し切った料理、東坡肉《トンボウロウ》を考案したり。

蘇軾はその地で楽しく暮らせる生活技巧者だったのだ。村の食材を工夫して、新しい料理を創作（蘇軾の創作料理は百くらいあったという）し、村人と欠けた茶碗で茶を飲み、貧困生活を楽しんだ。傍らにはいつも茶があり、彼を友と慕う村人たちがいた。彼は村人たちに好かれた。

蘇軾を海南島から都に戻したのが、蘇軾が非難する「白い茶」を追い求めた贅沢皇帝、徽宗だった。村人たちは別れを惜しんだ。都に帰る途中、蘇軾の命は尽きた——。

蘇軾は、茶は仙丹《せんたん》と言った。

仙人になれる丸薬《がんやく》など服《の》まなくても、盧仝《ろどう》のように六碗茶を飲めば、仙に通じることがわかるよ、と。

蘇軾は故郷の山、峨眉《がび》山に生育する「峨眉毛峰《もうほう》」（古名「風鳴毛峰《ふうめいもうほう》」）のような名茶を、帰省するたびに手に入れることができた。しかしこの茶に王侯貴族は注目していない。宋代の主流は、福建省

立てて飲んだ。自分がどんな状況にあっても茶を側に置いて、悠然と楽しんでいたのだ。

福建省建甌《けんおう》県の東数十キロメートルにある鳳凰《ほうおう》山の麓《ふもと》が北苑で、武夷《ぶい》山（一九九九年、世界自然文化遺産に登録）に隣接する一帯だ。「北苑茶」が主流の時代に、故郷、四川省の茶を好み、詩に詠む蘇軾のような詩人は稀《まれ》だった。彼は峨眉山の茶を陸羽流に素朴につくり、唐代の文人たちのように煮立てて飲んだ。自分がどんな状況にあっても茶を側に置いて、悠然と楽しんでいたのだ。

四川省にはもうひとつの名茶「蒙頂茶《もうちょう》」がある。四川盆地の西部に聳《そび》える名峰、蒙山の頂き、海抜千四百メートルあたりに生育するこの茶は、唐代から清朝時代までの皇帝献上茶。しかも最後の一葉まで、皇帝に献上しなければならなかったらしい。皇帝献上茶の最長不倒記録保持茶だ。

蘇軾に影響を与えたと言われる白居易は「蒙頂茶」をこよなく愛し、こっそり手に入れて、「琴《キン》を聴きながら飲みたい茶だ」などと、風流なことを言っている。

伝説によれば、西漢時代の甘露普慧《かんろふえ》禅師が蒙山の頂上に七株の茶の木を植え、栽培を始めた。それからおよそ一千年後の清朝雍正《ようせい》年間まで原木七株がまだ生きていたというから、茶の木は長寿だ。だから茶を飲む者の不老《アンチエイジング》に貢献するのだろうか。

その後、七株の原木がどうして枯れてしまったのか。天災か人災か、わからない。知りたいところだが、記録はない。

ともあれ「蒙頂茶」の生産量はごくわずかで、「仙茶《せんちゃ》」と呼ばれ、百病を治すと崇められたというから、万能薬茶だ。現在でも山頂に建つ寺の和尚は焼香し、合掌してから三百六十葉を摘み、自ら製茶し、坐禅のときに飲むのが決まりなのだそうだ。

蒙山には、「蒙頂茶」の最高級品茶につくられる茶の木がある。その葉は特別にすばらしく、やんわり捩《よじ》れた緑の葉に、名残の雪のような白毫《びゃくごう》（白い産毛）があどけない表情でしがみついている。これが「蒙頂甘露」と呼ばれる緑茶である。

明代になって名前がつけられた名茶だが、製法は独特。普通は発酵を止める火入れ（殺青《さっせい》という）は一回だが、「蒙頂甘露」は三回に分けて行う。つまり少しずつ発酵を止めていくのだ。揉捻《じゅうねん》も三回に分けて、やさしく、やわらかく行ってから乾燥させる。普通はこれで完成だが、この茶はそれからもう一度、少しの時間堆積する、変わった工程を入れている。

どんな緑茶にもない「蒙頂甘露」特有の甘い香りのエッセンスが、このとき生じるのではないか、とわたしは推測している。

でき上がった「蒙頂甘露」の味は、苦味の遠慮深い、まさに甘露。恐れ入りましたと言いたくなるほど、みごとな緑茶だ。

ところが、どうしたことか、一九五〇年ごろからというから、毛沢東による共産主義国家、中華人民共和国成立直後から、生産の主流は「蒙頂甘露」から「蒙頂黄芽《こうが》」に替わってしまった。考えすぎかもしれないが、仏教と縁を持つ「蒙頂茶」の系列にある「蒙頂甘露」は、宗教を否定する共産党には不都合で、宗教と無縁の新しい茶「蒙頂黄芽」がつくられたのかもしれないな、と密かに、勝手に思っているのだが、どうなのかしら……。

「蒙頂黄芽」は「黄茶《きちゃ》」と呼ばれる茶の仲間で、緑茶とは製法がまったく異なる。

一芽一葉で摘み、殺青する。それからほんの少しの時間、茶葉を放置して、普洱茶《プーアール》のように後《ご》発酵《はっこう》させてから、熱した釜に移して炒る。それから紙に包んで、再度発酵を進めるために放置する。これを「悶黄《もんおう》」という。包み紙の中で茶葉が悶《もだ》えるのだ。悶え声を上げながら、茶葉は良い香りを発していく……。

だれが考えたのか、こんなユニークなひと工程を経てから包み紙を開いて、もう一度火入れしてでき上がる。

その味は悶黄の影響だろうか、微かに果物のような香りが引き出されている。

「蒙頂甘露」も「蒙頂黄芽」も、残念ながら、色なき色の茶の色ではない。

いったい、色のない色の茶の色など、あるのだろうか。

どういう色を指しているのだろうか。

わたしの執念は続いている。

一九八四年に中国茶と縁を持ち始めてから、これまでに中国各地で二百種類を超える緑茶を飲んだ。

体験から、色のない色の茶があるとすれば、やはりそれは「龍井」だろうと思っている。

けれども、生育場所の異なる「龍井」を、水を替えたり、お湯の温度を変えたり、あれこれ試してきたのだが、水色は微かながら、黄色みを帯びていた。

むろん、名茶であればあるほど、その年の天候に左右されやすく、茶葉の出来不出来は顕著になる。それればかりではなく、だれがつくった茶か、また淹れる者の気分も大きく影響する。それが名茶の、うなぎのように摑みどころのない、手強《てごわ》いところではあるが。

「おいしい!」と感動した「龍井」にも、微かながら色はあった。

もしかしたら、あるかなきかの黄色い茶の色を、乾隆帝は色なき色の茶の色と表現したのではないだろうか。

そう思って、妥協しそうになるときさえあった。


二〇一八年の夏、わたしは暑気払い、中国皇帝献上茶五種類を飲む会を催した。

用意した名茶は浙江省の「紫笋茶《しじゅん》」「獅峰龍井」、四川省の「蒙頂甘露」、福建省の「北苑茶」と「大紅袍《だいこうほう》」。どれもみごとな出来栄えのお茶である。

三十人の好奇心旺盛な茶好きが集まった。テーブルを六つ配置して、ひとつのテーブルに五人が座る。茶道具は小ぶりの景徳鎮白磁の蓋碗と小さな白磁茶杯。茶海《ちゃかい》（蓋碗で淹れた茶を一滴残らず移し入れ、味、色を同じにして、それぞれの茶杯に注ぐための容器）は、外側からも茶の色がよく見える透明なガラス製のものにした。

水は浄水器を通した東京都の水道水を大分県日田《ひた》皿山《さらやま》の小鹿田焼《おんたやき》の大甕《おおがめ》に入れ、一日寝かした軟水を使った。

茶葉の量は、三〜五グラム。

淹れる人は、それぞれのグループで決める。

どのような味、香りになろうと、それがそのグループの茶の味である。

「獅峰龍井」を選んだ理由は、色のない色の茶の色を、もしかしたらだれかが出してくれるかもしれないと、密かな期待があったからだった。むろん、わたしの胸の内は、だれにも明かしてない。

「紫笋茶」、「蒙頂甘露」の順に飲む。

最高級緑茶の味に、三十人の男女は舞い上がり、中には茶に酔い、ふらつく人も現れ、会場は祭りのような賑わいに。

三番めの茶に「獅峰龍井」を選んだ。これには、わたしの作戦があった。

緊張しているとき、人は交感神経に支配されている。寛《くつろ》ぎのときは、副交感神経が働く。いつも緊張している現代人は、この自律神経のバトンタッチが下手なのだ。しかし先に飲んだ二種類のお茶で、みんな陽気になっている。緊張がほどけている。名茶が副交感神経を目覚めさせ、働きを促す役割を担ってくれたのだ。

副交感神経の活発な活動で、三十人の大人《おとな》は子どものようにはしゃぎ、リラックスしている。

「獅峰龍井」を配るチャンス到来だ。

そのときの「獅峰龍井」は、最近の「龍井」には珍しく、黄色と緑色のバランスがいい、美しい茶葉の色をしていた。形もいい。

わたしは各グループの俄宗匠《にわかそうしょう》の味を飲み回った。

四つのグループは、微かな苦味に、「龍井」特有の上品な甘味が口いっぱいに広がる極上の味に淹れていた。しかし色は濃淡の差こそあれ、ヤマブキ色をしていた。

残るひとグループのところに行った。

わたしの目は、ガラスの茶海に吸い寄せられた。

茶の色が、ただのお湯のように無色透明なのだ！

言葉を失った。

無言のまま、自分の茶杯に茶海の「獅峰龍井」を注《つ》いだ。白磁の茶杯に注がれた「獅峰龍井」の色は、ただのお湯の色である。

飲んだ。和三盆を少し嘗《な》めたような気高い甘味が舌を喜ばせた。苦味はない。淹れた人は、中国茶の知識ばかりか淹れ手、飲み手の一流人、大塚ミユキさん。わたしが一目置いている女性である。

「色なき色の茶の色、出たんですね！」わたしは感動して言った。

「貴白ですね」少し遠慮がちな口調で言う彼女の口元は緩み、微笑《ほほえ》んでいた。

「かれこれ二十年、わたしが追い求めていた色です。乾隆帝が絶賛したお茶の色は、これでしょう。味も天下無双。どのように淹れたの？」

「偶然です。茶葉にきれいな緑がありましたので、ちょっと苦味があると思いましたから、お湯の温度を九十度くらいに下げたんです。茶葉が黄色になっているところは甘味ですから、苦味を抑えるようにしただけです。ほんとに偶然です」

偶然ですと言いながら、彼女は「獅峰龍井」の茶葉の印象と味の関係を述べていた。意識したのは、お湯の温度だけだと言った。

「よし、貴白に淹れてやるわ」という自意識がほんの少しでも彼女にあったならば、色なき色の茶の色は、おそらく現れなかっただろう。彼女は心を澄ませて「獅峰龍井」の声を聴き、その声に従って無心に淹れたのだろう。彼女の自意識はそのとき、どこかへ行っていた。だから偶然です、としか言えなかったのだろう。

最高級茶「龍井」の最高の色は無色透明。茶の色のその景色を、乾隆帝は〝貴白〟と言った。

彼女は取り立てては語らなかったが、知っていたのだ。

わたしが探し求めた貴白という茶の色、天下無双という茶の味は、あった！

たかがお茶、されどお茶。お茶は奥深い、と人は言う。

でも、わたしは思った。茶は奥深いのかもしれないが、そう言う前に、わたしの心が振り子のように揺れているから、目指す味、目指す色に近づけないだけなのだ。

揺れる心の数だけ、中国茶には味、色、香りがある。

――どうだ、色なき色の茶の色、天下無双の茶の味は、ちゃんとあっただろ。きみは長い年月がかかってしまったが、ついに出会えた。良かったではないか――。

茶杯の中の貴白が、乾隆帝の声になって聞こえた。

その六

魂も酔う岩茶の誕生

秋のたおやかな風に乗って、ゴリゴリした岩塊《がんかい》をすっぽり包む金木犀、銀木犀の雅《みやび》な香り、鳥の音楽的なさえずり、草叢《くさむら》に戯れる昆虫も、生成される味や香りにひと役買っている。

大自然のまことに細やかに編成された生きもののシンフォニーが、岩塊深く根を張り生育する岩《がん》茶《ちゃ》の味をきらびやかに、重層的にしてゆく。

三十六峰九十九岩の大小合わせて百三十五の岩塊の連なりを武夷山《ぶい》という。一九九九年に世界自然文化遺産に登録された茶の山であり、竹の山であり、多種多様な植物や小動物の生息地である武夷山は、武と夷という兄弟仙人が拓《ひら》いた山と伝えられている。武と夷の父彭祖《ほうそ》はこの山で七百七十七歳まで生きたという伝説がある。

武夷山は神仙郷、道教の山である。

道教とは、どういう思想なのだろうか。

中国全土が数百の諸侯領に分裂していた春秋戦国時代に、老子は「道《タオ》」を唱えた。ひと言で言えば、人間の体は小宇宙であり、大宇宙とつながっている。つまり人間は天地そのものなのだ。そのことは、人体に入って再び出ていく「気」によって、わかるものである。

そう老子は言うけれど、実感はむずかしい。が、とにかく老子の「道」から道教へ、どう変化したのだろうか。

「気」は呼吸によって、まず腹に下がり、「下丹田《げたんでん》（臍《へそ》の下）」に閉じ込められている「精」と結合して「神《しん》」を生じさせる。「神」は人間の「源」、すなわち「生命」（思考・意識も含む）である。この「生命」をどう考えるかで、人間の行いは善くも悪くもなり、人格を左右する。故に、人間は無為自然に生きるのが良い、という思想が、老子の「道」の根幹である。

これは古代中国の一般人に受け入れられるには難解すぎた。

時代は下がって、と言っても六、七百年の時間をかけるわけであるが、「道」の思想から「呼吸法」を重要視するようになり、それが「道教」へと変化していった……そのようにわたしは考えている。

道教は身体を三つに分けている。上部が頭と腕、中部が胸、下部が腹と両脚で、それぞれに生命中枢がある、と教えている。

生命中枢の中でも「丹田」が重要である。

丹田は三つあると言い、ひとつは脳（眉間の三寸奥）に、ひとつは心臓の下に、ひとつは臍の下である。

丹田の名の由来は、不死の薬の材料である「丹砂《たんさ》」からきている。

生命中枢の丹田を常時健全に機能させるには、どうすれば良いのだろうか。

道教の仙人（不老長寿者になった道士）が伝えるところによれば、不死を獲得するためには、まず善行の実践から始めること、だそうだ。『後漢書』（五世紀半ば成立）には、進んで孤児の面倒を見たり、道普請《みちぶしん》をしたり、全財産を貧しい者たちに分け与えた道教信者の話がある。つまり功徳《くどく》ある行為がまず大切だ、と言っている。この考えが基本になって、道教は上層階級へと広がりを見せていく。

拡大した思想は、こんなふうになる。

――天は万物を創り、地はそれを養い、季節は規則正しく巡る。五行（木火土金水）は終わることなく循環し、陰《いん》と陽《よう》は巧みに交替していく。すべてはそれ自身でうまくいっている故、人間がそれを主宰しようとすれば、すべてが狂い出し、災害が起きる。天に遵《したが》うか否かにより、善い行いをする人間にもなれば、悪い行いをする人間にもなる。天に反抗する行為は、全世界に影響する。これが、大洪水、大地震、大火災などを引き起こす原因になるのである。したがって、世界を支配するような力を持つ者は、天地のメカニズムを壊さぬ思想を持たなければならない――。

自分の「神」すなわち「生命」は、天地宇宙としっかり関係しているのだということを知らなくてはいけない。それは啓示を求めるためではなく、生命の維持を図ってもらうためである、と道教は教えている。

自分の体内に命が居続けてくれるためには、呼吸法、食事法、薬事、瞑想などの訓練が重要で、道教はその訓練術を紀元前三世紀ころには確立させている。特に呼吸、消化、循環は、中華人民共和国成立（一九四九年）以前の中国医学の健康法であった。中でも呼吸法を重視していた。

吸気《きゅうき》は、外の空気（気）を脾臓《ひぞう》を通して肝臓と腎臓にまで届くように下降させること、これが「陰の気」である。呼気《こき》は、腎の気を再び脾臓を通して心臓と肺へ返す上昇の「陽の気」である。そして腎は帥《すい》なりと言い、腎臓を最も重要視している。

不老を目指す者には、薬も重要になる。薬は錬丹術《れんたんじゅつ》（錬金術《れんきんじゅつ》）でつくった。

道教の教えはすべて口伝《くでん》と言われ、錬丹術も口伝、書き残された資料は唯一、四世紀初めの書物『抱朴子《ほうぼくし》』（葛洪《かっこう》著）にほんの少し見ることができるだけ。それによると、「丹」を最高レベルに昇華した状態にするには、丹砂を九回「還」さなくてはならない、とある。つまり丹砂から水銀へ、水銀から丹砂への物質転換を九回行わなければならない、というのだ。この操作を九回繰り返すと、丹砂はいっそう強力に、いっそう効き目のある薬「丹」になるようで、この「丹」を三日間服用すれば、不老長寿者になる、と記している。

錬金術は、ある物質を細かく細かく粉砕して、もうそれ以上細かくはならない超微細な状態になると、その物質は別の物質に転換する技術をいう。物質のこの状態を、中国では「華《ホア》」と表現するのだそうだ。古代ギリシャ人も同じような発想をしていた。物質の極小単位を、古代ギリシャ（紀元前六〜紀元前五世紀）は「原子《アトム》」と表現している。「華」も「原子」も、もうそれ以上分割できない物質という意味。つまり、あらゆる物質は目に見えない「華」「原子」からできていると考えていたのである。

鉄や銅のような普通の金属を金に変化させる術が錬金術だと言うと、いかにもいかがわしい魔術的響きがあるが、物理学や化学の近代科学は、錬金術からようやく脱皮した十七世紀に始まるのである。ニュートンも正面から取り組んだらしい錬金術は、現代科学における量子力学という夢の科学にもつながっていく要素を持っていたのである。

食事についても道教は、気の循環との関係から、次のように教えている。

穀物を摂《と》りすぎてはいけない。穀物は、生命力を蝕《むしば》む虫を体の中に生み出すからだ。虫は寄生虫を指しているのかもしれないが、とにかく虫は丹田を攻撃し、生命力を弱める悪霊に属するもの、という考えである。

それでは、どのような食事が悪霊に取り憑かれないのか。道教は次のように教える。

米、麦、黍《きび》、粟《あわ》、豆の五穀を食べすぎないこと。満腹は気が通りにくくなるので、少量にすること。

五味（甘辛苦酸鹹）のおいしさは悪霊の罠《わな》であるので、食べすぎてはいけない。とりわけ酒、肉、強い五味を持つ植物は要注意である。つまり中毒性を持つ飲みもの、食べもの、とりわけ辛は体を汚すから、注意しなくてはいけないということだ。

おいしいものを食べすぎる人間の癖が病の源と警告しているのだろうが、この食事では栄養失調になる。そこで、朝鮮人参、肉桂《にっけい》、キノコ、茶、胡麻《ごま》、甘草《かんぞう》（甘味料になる上薬）などを摂ることを奨めている。このような食事を続ければ、気が体を養うようになり、徹底すれば、空気で滋養《じよう》を摂ることだってできるようになる、という。つまり呼吸だけで体を養えるようになる、というわけである。日本流に言えば、「霞を食べて生きる」ということだろう。

しかし仙人など望まない、聖人になろうなんて思わない普通の人にも、呼吸法と食事法は受け入れられた。病気にならない、病に冒されても自力で治せる、淫《みだ》らな性生活を慎めば、健康な子孫を残し、長生きできる等々は、この世に生まれたからには幸福に暮らしたいと願う普通の人たちの現実生活の知恵になっていったのだった。

こうして健康、究極的には不老不死を目的とした道教は、老子の形而上的《けいじじょう》「道」とは距離をおいた、形而下的《けいじか》道を辿っていったのである。

無為の境地で「清」に到達し、原初に近づく老子の「道」は、長い歴史を通過して、飲食と健康とが結びついて、形を変えて土着信仰化し、さまざまな人びとに浸透していったのだった――。

呼吸法と食事法の徹底した生活をしていると、あるとき神秘的な体験をするのかもしれない。そうした体験を経て到達する最終地点が、仙人なのかもしれない。仙人になれた道士はそうはいなかったとしても、おそらく仙人に向かう途中に、肉体的快感、恍惚感のような魔力的魅力を味わったのかもしれない。だから道士は仙人への道をひたすら歩めた……そんな気がしてならない。

とにかく道教は中国各地に伝播《でんぱ》し、残り、道教寺院（道観《どうかん》）には黄金の老子像が祀られた。老子は道教の開祖に祭り上げられてしまったのだ。

道教の儀式は儒教のように厳しい規則の下で統一されることはなく、その土地固有の祭りをつくっていったために中国全土に広がり、土着したのだろう。

茶の生産地には道教が生きている。

が、こんにちの道教は現世利益の宗教へと変化して、老子を祖とする「道《タオ》」の教えとは大きな隔たりがある。故に、老子の思想「道」と、こんにちの土着化した道教とは区別する必要がある。

武と夷の兄弟仙人が茶の山を拓き、大自然が育んだ偉大な文化が岩茶である。

「渓辺奇茗《きめい》天下に冠たり　武夷の仙人古《いにしえ》より栽《う》う」と岩茶の景色を詠《うた》った宋代の詩人で役人、范《はん》仲淹《ちゅうえん》（九八九～一〇五二）の詩「闘茶歌」がそれを裏付けている。

岩茶は、風化してやわらかくなった岩肌に生長する烏龍《ウーロン》茶である。

烏龍茶になる前は武夷茶と言い緑茶につくられていたが、明《みん》代に烏龍茶の製茶法が発見されて、武夷茶は姿を消した。

岩茶は土栽培の烏龍茶と区別される中国でも珍しく稀《まれ》なる烏龍茶で、現在も独自の道を歩んでいる。

土栽培の烏龍茶の代表は福建省安渓《あんけい》産の「鉄観音《てつかんのん》」、広東《カントン》省潮州《ちょうしゅう》の「鳳凰単叢《ほうおうたんそう》」、台湾の烏龍茶だが、岩茶がそれらと違うのは、太古の岩の豊富なミネラルと水を丈夫で長い根が吸い上げ、その栄養が地上の茶葉に集まり、その葉への光の当たり具合、陰のつくられ方、風が吹いてくる方向によって、深い味と香りが複雑かつ繊細につくられてゆくからだ。その味をひと言で「岩骨《がんこつ》」という。複雑で深みのある味という意味だ。

　そして岩のどこに根を張っているか、近くに香り高い花々が咲いているか、いないかで、香りの個性は違ってゆく。これを「花香《かこう》」という。「花香」は「……のような香り」という意味で、蘭《ラン》とか金木犀とか具体的な花の香り、そのものズバリを指しているのではない。
岩骨と花香を合わせて「岩韵《がんいん》」という。
岩茶は「岩韵」が命である。

一九八四年の春、初めてこの山を訪れた。そのときのわたしは中国茶に何の興味もなく、岩茶がいかなるお茶かも知らず、華僑《かきょう》の知人に誘われ、東京の日常を抜け出して気分転換をすることが目的で、その山へ行ったにすぎなかった。今は飛行機を使えば、東京を出発し、上海《シャンハイ》か厦門《アモイ》経由で、その日のうちに福建省北部に位置する武夷山に着くが、そのころは列車とバスを乗り継いで、二日は十分にかかる遠い山だった。

武夷山は中国人の憧れの山で、生涯に一度は訪れたい神仙郷だというが、三十数年間、わたしは毎年一度はこの山を訪れている。経済的に豊かになった今は、中国各地から大勢の観光客が集まって、山登りや山中を貫き流れる九曲渓《きゅうきょくけい》の筏《いかだ》下りを楽しみ、設備の整ったホテルもたくさんできているが、一九八〇年代から九〇年代はホテルも街のインフラもまだまだで、観光客の姿はまったくと言ってよいほど見られず、わたしが訪問した八四年から数年間の宿泊所は山小屋風の山荘で、室内も家具調度品も武夷山の竹で造られた、質素だが趣《おもむき》のある建物であった。

長旅で疲れたその夜は、触るとひんやりする竹の部屋でぐっすり眠った。そして次の日の夕方、山荘の離れの一室で初めて岩茶をいただいたのだった。淹《い》れてくれた人は山荘の総経理（社長）の王さん、お茶は「肉桂」「仏手《ぶっしゅ》」「梅占《ばいせん》」の三種類だった。

口径四センチ、深さ二センチほどの頼りなくもかわいらしい、柿釉《かきゆう》の掛かった土ものの、茶杯と呼ぶ湯飲み茶碗に注《つ》がれた三種類の岩茶を、順番に二、三杯ずついただいた。味と香りはそれぞれまったく異なっていた。そんな小さな湯飲み茶碗でお茶を飲むのも初めてだったし、香りも味も初めてであった。

王さんが一生懸命に岩茶の説明をしてくれたが、さっぱりわからないままおいとました。夜もとっぷり更けた時刻であった。

改革開放たけなわの武夷山の夜は、外灯ひとつない真っ暗闇。足元が見えない未舗装の小路はそこら中に蛇や毒虫が蠢《うごめ》いているようで、懐中電灯で足元を照らし、ビクビクしながら歩いた。見上げれば、漆黒の空を銀色の星が埋め尽くしていた。天の川が美しい。星の川を眺めたり足元に気を配ったりしながら、細い道を歩いているときのことだった。

体がふわりと宙に浮いた。いや、そんな感じがしたのだ。足がちゃんと道を踏んでいるのかもわからなくなり、体は風に揺れる木の葉のようにゆらゆらし、さりとて暗い山道は少しも苦にならず、蛇や毒虫などへのさっきまでの恐れは消え、鳳《おおとり》の背に乗っているような、この世のことかと怪しい不思議で愉快な感覚に、脳か体かはわからないが、満たされていったのだった。

頭のてっぺんは、酒酔いとは違い、すっきりと醒めている。

次の日の朝、王さんに、体が軽く風のように歩けた昨夜の帰り道の体験を語ってみた。すると王さんは、「茶酔《ちゃすい》です」と笑った。

茶に酔う？　初めて知る言葉だった。

「あなたが酔ったので、昨夜のお茶の岩韻が証明されました」と王さんはうれしそうに言った。岩韻という言葉も、このとき初めて知ったのである。

酔うお茶・岩茶を人に知ってほしかったわたしは、岩茶を楽しむ場、サロン開設を思いついた。サロンを主宰するからにはほかのお茶を知り、専門家にならなくては。それを目標に、わたしは現地へ出かけたり、送ってもらったりして数え切れないほどの緑茶、烏龍茶、黄茶、白茶、黒茶、紅茶を飲んできた。

そうしておよそ四十年がすぎた。

ここでちょっと記しておくと、中国茶は緑茶、青茶（烏龍茶）、黄茶、白茶、黒茶（普洱茶など）、紅茶の六つに分類されている。これは学術的分類で、緑茶につくられる、烏龍茶につくられるという製茶法を基準にした分類であるが、明代以降、品種の研究と製茶技術の進歩の結果、この茶樹は緑茶につくったほうがおいしい、この茶樹は烏龍茶にしたほうが良いと、製茶に携わった人たちの研究と経験により、品種と製茶法をセットにして分類されていったものである。

どんなお茶でも、茶酔を体験できるわけではない。わたしの経験では、頭をクラッとさせ、手足の関節から力がスーッと抜け、何となく筋肉が緩む緑茶は数種類あった。が、その症状は、岩茶の衝撃に比べれば遠く及ばない。地上五センチの宙を歩いているような浮遊感覚は、未曾有《みぞう》の出来事だったのである。

いったい、このお茶は何なの？

あの最初の気持ちの良い劇的な感覚が、わたしを岩茶の世界に引きずり込んでいったと言ってもいい。

以来、武夷山を訪問すること数十回、それまでの自身の生き方からは想像もできない、岩茶とべったりつき合う奇妙な生活が続くことになった。ある日突然現れた見知らぬモノが思いもよらない方向へ人生を連れていってしまう出来事はあるもので、しかも人生の大転換をもたらしてしまうそのモノがどこで待ち受けているのか、わからないものである。

武夷山の峰、岩、渓《たに》深くに何十年、何百年もかけて根を伸ばし、生き永らえている岩茶と出会うその日まで、考えもしなかったことはまだある。

それは、根は植物の頭（脳）であり、口であり、腸だったのだということを、わたしは考えたことがなかったということである。

岩茶は岩塊深くに頭を突っ込んで、長い逞しい根という形の口から太古の岩のミネラルを一生懸命に食べている。

茶樹は栄養を摂らせてもらったお返しに、土の中の微生物に栄養たっぷりの液を根毛から出してやっている。

このように互いに助け合いながら生きている限り、植物は枯れない。

植物のこの共生関係は、人間の腸の内部の働きとそっくりだ。

腸の内側には、分解された食べものを吸収しやすいように、根毛のような細い毛（突起状のもの）がびっしり生えている。

腸内には何兆個もの微生物が棲んでいて、腸の細胞からじわじわ滲《し》み出てくる液を食べて、栄養にしている。つまり共生関係を結んでいるのだ。結ばれたその共生関係によって、わたしたちの健康は維持されているのである。

岩塊に頭を突っ込んで、岩の栄養を食べ、地上で待つ枝葉へせっせと栄養を送る。葉に蓄えられた養分は太陽光を浴びて有機化合物を合成（光合成）し、茶の味、茶の香りになる成分をつくり出してゆくのだ。むろん味、香りが天候に影響されるのは仕方のないこととしても、岩茶の変わらない力は、葉に蓄えられた岩の栄養分、すなわち各種の微量元素（ミネラル）による心身への影響、働きかけである。

茶杯数杯で体は喜び、不調に悩まされた体はいつの間にか改善し、魂まで酔わせる岩茶の摩訶不《まかふ》思議《しぎ》な力を知るにつれて、わたしは畏敬の念さえ抱いていった。

武夷山はおよそ七千万年前の白亜紀、恐竜ティラノサウルスが地上の王者だったころ、地殻変動により形成された百三十五の奇峰奇岩の総称で、峰や岩の形が鷹《たか》の嘴《くちばし》のようであったり、筍《たけのこ》のようであったり、筆置き形のようであったり、連なる馬の頭のようであったり、清らかな水の流れる谷間であったり……自然が巨岩をおもしろく造形しているが、壮大なスケールの中国の山容とは異なり、岩茶が生育する岩山は標高七百メートル足らずの丹色《にいろ》をして、どこか懐かしく、居心地が良い。人を寄せつけない威圧感はどこにもなく、人当たりの良い明るい山々である。

そしてそこに暮らす人びとは、素朴でやさしい。山が放射する健康的な〝気〟のせいだろうか。

早朝の山の挨拶はすてきだ。山荘の部屋の窓を開けると、瑞々《みずみず》しい朝の空気が室内に流れ込み、きれいな鳥の声が遠くに聞こえる。

枝に止まっている小鳥のシルエットが、あどけない動きを見せている。

目の前の木々の、朝露に濡れた葉群れから、清涼な気が立ち上ってゆき、竹林の隙間から、新鮮な白い光がわたしに向かってくる。

篠笛《しのぶえ》のようなしっとりした笛の音が聞こえた。

だれが吹いているのだろう？

もしかしたら道士？

朝のカラッポの脳が、夢か現《うつつ》か、区別不能な時間を遊んでいる。

山荘の従業員が用意してくれたテーブルの上の岩茶を急須に入れ、お湯を沸かして茶杯に一杯、ゆっくり飲む。

全身に朝の岩茶が運ばれて、次第に体は醒《おこ》され、やがて頭のてっぺんが、冷ややかに、明瞭になってゆく。

もう一杯、また一杯……。

こんなにありがたいお茶は、どの岩の、どこに根を下ろし、栄養を食べ、生長しているのですか。

いつ、だれが、つくったお茶ですか。

「わしは茶なんて好かん。農民をいじめる茶はつくるな。飲みたい者は葉っぱで飲め」

そう断じ、命令を下したのは、明王朝の初代皇帝に就いた朱元璋《しゅげんしょう》（洪武帝《こうぶてい》。在位一三六八〜九八。この年に死去）だった。

この人、貧農出身なので、農民の苦しい生活が骨身に染みていた。

中国の歴代王朝創始者の中で、茶と無縁の、低い階層出身者はふたりいる。ひとりは漢の高祖劉邦《りゅうほう》、ひとりが朱元璋その人だ。

「茶は葉っぱで飲め」

朱元璋のひと声で、宋代の贅沢を極めた固形茶「団茶《だんちゃ》」は亡んだ。茶筅《ちゃせん》は不要になり、点茶法は断絶した。これが中国。継承より否定、保存より抹消。中国の典型のひとつを、茶の歴史にも見ることができる。

農民を救済したかった朱元璋は、簡単につくれる葉茶に切り替えさせた。日ごろわたしたちが飲んでいる葉状の茶は、このとき始まった。

葉茶への大変革は、茶の自然を生かした、しかも簡単に飲めるありがたいお茶の形をもたらしてくれたのだけれど、社会のどん底で暮らす農民を楽にしてやりたかっただけの当の朱元璋は、そんなことには無関心だった。

帝位に就く前の朱元璋は極貧百姓の流れ者、兄四人、姉二人の末っ子として、現在の安徽《あんき》省鳳陽《ほうよう》県に生まれた。

安徽省は茶の名産地である。笹の葉のように茶葉の長い緑茶「太平猴魁《たいへいこうかい》」や「黄山毛峰《こうざんもうほう》」、紅茶「祁門《キーモン》」の産地として、茶愛好家には見逃せない地域だ。

安徽省には、漢民族が自分たちの祖とする黄帝が不老長寿の金丹《きんたん》を製造したと伝えられる名峰、天を突き刺し聳《そび》える黄山《こうざん》がある。登れば、体が宇宙に放り出されてしまったような、足もすくむ霊山である。

ついでに言えば、死刑に次ぐ重い去勢の刑（宮刑、腐刑《ふけい》とも）に処せられ、屈辱に耐えながら司馬遷が綴った『史記』は神話を切り捨てているので、「五帝本紀」の始まりは黄帝で、漢民族は不老長寿の薬、金丹をつくった黄帝の子孫だと考えていたようだ。

朱元璋は十七歳のとき、ひどい旱魃《かんばつ》に遭《あ》い、疫病にも襲われ、両親と長兄を失い、一家離散して皇覚寺という禅寺に預けられた。が、寺も食料不足で、朱元璋は托鉢の旅に出た。と言えば聞こえはいいが、食べものを求めて諸国を放浪する乞食坊主になったのである。

乞食坊主暮らしから四年後、彼は寺に戻った。そのとき下層農民たちは世直しを説く浄土宗一派の白蓮《びやくれん》教徒に加わって、大反乱を起こしていた。白蓮教徒は、異民族モンゴル族の元王朝に対する反乱軍の中心だったのだ。

反乱軍は頭に赤い頭巾を被っていたので紅巾《こうきん》軍と呼ばれ、線香を上げて仏を拝んだので香軍とも呼ばれた。

食えればいい。ただそれだけの理由で二十五歳のとき紅巾軍に加わると、失うものなどない彼は、果敢にモンゴル軍と戦い、次々に手柄を立てていった。

戦《いくさ》で大勢の兵を殺したからか、彼の人相は凄《すご》みを増していた。生まれつきの大きな鼻の上で目は吊り上がり、大音声《だいおんじょう》を上げ続けたせいか、顎《あご》は極端に張り出したあばた面《づら》の恐ろしい面魂を、兵士は直視できなかったという。

そして集慶《しゅうけい》（現在の南京市）を攻略し、応天府《おうてんふ》と改名して軍を掌握した。それからはモンゴル軍を次々に倒し、ついに元王朝は滅亡、モンゴル軍は馬に乗って故郷のモンゴル草原へ帰っていった。

極貧農民の流れ者が、一兵卒として紅巾軍に参加してわずか十六年後の一三六八年、玉座に座り、国号を「明」、元号を「洪武」と定め、名実ともに大明帝国の皇帝になった。日本ではこの年、足利義満が将軍に就いている。

朱元璋が南京を確保したのは、江南は肥沃《ひよく》な地なので、食べることに苦しまないで済むからだった。貧農出身の皇帝は、穀物の豊富な江南の地を手に入れておけば、ひもじさと縁が切れる、そう考えたのだ。そして彼は三つのことを徹底させた。
一、民を理由なく殺傷してはならない。
二、女、子どもを暴行してはならない。
三、民の家財に手をつけてはならない。
在位三十年、七十一歳で没するまでに、彼は明王朝三百年の基盤をしっかりつくった。とりわけ農民の暮らしの安定に力を入れた。

「茶は葉っぱのままで飲め」が、その政策を象徴している——。

史実か否か、兵士が直視するのも憚られる人相だったと伝わる明の初代皇帝・朱元璋

葉の状態で茶を飲む——新しい茶道具が必要になった。しかもおいしく飲める道具が。つくられた道具が、茶壺《チャフー》（急須）である。

しかし、合理的なあの形の急須がいきなり生まれたとは考えにくい。だが陶工たちは、茶を飲む人たちのためにも、できるだけ急いでつくらなければならなかった。

ヒントになるものを探していた陶工は、ふと気づいたのだろう。中国は書の国である。書に水滴は欠かせない。水滴をヒントに、急須を考え出した——そう勝手にわたしは想像しているのだが。

ついでのことながら、急須の蓋に小さな穴が開いている。聞くところによれば、明の初めの急須の蓋に穴はなかったらしい。穴のない急須は、茶がポトポト出るので時間を食い、苛立つ。気持ち良くサーッと注げるように、蓋に穴を開けた。これに気づき考えた人はアイデア賞ものだ。急須の蓋に穴が開いたのは、明の中期だという。

茶壺に最適な土は、昔も今も、江蘇省宜興《ぎこう》、あの名茶「陽羨茶《ようせん》」の産地だ。宜興の急須は紫砂《しさ》茶壺という。土は赤褐色が主流だが、黒い土、黄色い土、青色っぽい土も、少し産出する。赤褐色の土の急須を紫砂茶壺、赤い土の急須を朱泥《しゅでい》と言い分けている。よく観察すると、金粉が交じっているような淡い赤黄色の土の急須がある。この土の急須を梨皮《リピ》茶壺といい、価値が高い。

紫砂茶壺は高火度で焼き締め、釉薬は掛けない。日本の備前焼や常滑《とこなめ》の焼き締めと同じ手法である。

宜興の急須工房を訪ねたときのことであるが、若い男女がすまし顔で黙々と、いとも簡単そうに製作していた。

急須のむずかしい部分は蓋。窯の中で長時間焼き締められるので、本体と蓋の収縮率に狂いが生じやすい。蓋のサイズが微妙に小さくなるとカパカパして、完璧な形を求める中国人は大変に嫌う。蓋と本体の口径がピタリと合い、前後左右ピクリとも動かず、右に回しても左に回しても、滑らかに動く完璧な蓋でなければならない。少々の歪《ゆが》みや、ひしゃげた不完全な姿を味わい深いと感じるのは、日本人特有の美意識なのだ。完璧な焼きものは窮屈で、息苦しさを感じるところが、日本人にはある。

宜興の急須工房の若い男女は、神経を使う細くて短い注《さ》し口や、蓋と本体の口径の収縮率など気にもしていないような表情で成形しているというのに、焼成後の急須は、蓋と本体の間に針一本入らず、完璧に仕上がっている。益子焼《ましこやき》の人間国宝、濱田庄司はかつて中国で、ある少年陶工の仕事を目にして「こんなところに手強いやつがいる」と驚いたそうだが、民窯の名もない人たちの手仕事には舌を巻く。

焼き締めの急須は土ものなので、使うほどに育ってゆく。使い込んでゆくうちに土は落ち着き、土の粒子に茶の味、香りが染み込み、肌は滑らかに、艶《つや》が現れる。これを〝育つ〟という。

優れた茶が、急須を育てる。

そして使う人の気持ちが、急須を一段と艶やかに、美しく育ててゆく。

とは言っても、育て甲斐のある急須でなければ、使う人の愛情も深まらない。

気に入った急須は、生涯大切に使う。使い込んでゆくうちに、味わい深い、みごとな輝きが肌に現れ、お茶はさらにおいしく出てくれる。それが、お茶と急須と人の関係だ。

わたしは岩茶と関わるようになってから急須の形がかわいらしくて、何年もかけて買い漁《あさ》った。そういう時期に、奇妙な思いにかられたことがあった。

どうして手の平にすっぽり収まってしまう小さな急須をつくるのだろうか。

たった五、六ミリの短い注し口を、どうしてわざわざぷっくり膨らませ、下唇のようにほんの少し外側に反《そ》らせた、かわいらしい急須をつくるのだろうか。その形が不思議でならなかったのだ。が、あるときふっと、茶を飲む人の、ある執着を思ってしまったのである。しかも微笑《ほほえ》ましい執着を……。

小さな急須は、もともと文人や隠者の道具だったのではないか。彼らのほとんどは男。女の隠者（道士）は、唐の六三八年、九十六歳で遷化《せんげ》した孟静素《もうせいそ》くらいだろう。

文人、隠者はふらりと野山に出かけ、世俗をひととき忘れて、自由に茶を楽しんだ。

彼らは自分専用の小さな急須を懐《ふところ》にしのばせて、野山に分け入った。

手の平に収まってしまう小さな急須でも、小さな茶杯なら二、三人は飲める。しかし、下唇にすんなり気持ちよく収まる五、六ミリの注し口と、飲み手の人数は関係ないし、真っ直ぐでシャープな注し口のほうが、使い勝手は良いはずなのに……。

それで思った。もしかしたらこれ、独《ひと》りで飲むときの急須ではないのかしら？　独りで飲むとき、口を直接注し口に当てて飲んだのではないかしら。

母親の乳首のようにぷっくり膨らんだ短い注し口は、乳を飲む子どもの下唇にやさしく、すんなり合う。唇に触れたときのやわらかな感触は、母親の乳首のように気持ちがいい。母の乳首と赤ちゃんの下唇を連想させるプクッと丸い注し口の紫砂茶壺は、独り茶を楽しむ男の文人、隠者たちの道具だったのではないだろうか……そう思ったのである。

皇帝が替われば、名茶も変わる。表舞台から姿を消してゆく名茶はたくさんあった。ある日突然消えてゆく名茶の運命を、歴史を通して文人や隠者たちは熟知していたはずだ。

そこへ名茶など飲んだことがない、むしろ名茶は農民の敵だという極貧農民出身の皇帝が現れたのだから、文人たち、隠者たちは、いつ、突然、自分の好きな、大切な茶が姿を消してしまうものやら、不安でならなかったのではないだろうか。

そこで知恵を絞り、独り飲み用の小さな急須に行き着いた……？

磁器とは違い、宜興の急須は使い込むほどに茶の味、香りが土の粒子に染み込んでゆく性質がある。体制の激変で茶が手に入らなくなったときは、急須にお湯を注すだけで、粒子に蓄えられた味や香りがお湯に滲み出てくる。その仄《ほの》かな味を彼らは懐かしみ、注し口を直接口につけ、心身を潤していたのかもしれない――。

そんな想像を巡らせていたわたしは、極端に短い注し口をわざわざぷっくり膨らませた小さな急須を眺めながら、そうまでして飲みたいの？　浅ましくない？　と自分の想像にあきれ返ったものだが、同時に、好きな茶の味、うっとりする茶の香りに執着する文人や隠者の密かなエロスをも感じてしまったのである。

急須の登場で新発見され、普及していったのが烏龍茶である。その始まりが岩茶であった。

葉茶になった緑茶には、蓋碗《がいわん》と呼ばれる白磁の蓋付き茶碗のほうが都合が良いということが、次第につくり手にも飲み手にもわかってゆく。白磁の蓋碗は、蓋を外せば、白い肌の茶碗の底に沈んでいる緑色の鮮やかな色彩と美しい葉の形を愛《め》でることができるからだ。飲むときは蓋を少しずらした隙間から啜《すす》る飲み方になった。緑茶には白磁の蓋碗がふさわしい。

ところが岩茶の葉の色は赤黒い。葉はバサバサして、野生的で逞しい。

葉の容姿や色彩は、緑茶に敵《かな》わない。反面、味と香りは豊かで、何煎も楽しめるのが烏龍茶の強み。ここにおいては、緑茶は烏龍茶に敵わない。

烏龍茶の中でも際立って個性的な岩茶の発見は、中国茶の歴史上、画期的なことだった。

むろん岩茶は一朝一夕にできたわけではない。

葉っぱのままでこそおいしく飲める緑茶の木のある地域においては、「葉っぱのままで飲め」という皇帝の命令は仕事を楽にした。農民は大いに救われ、喜んだことだろう。

ところが茶の木はあっても、緑茶地帯の茶に敵わなかった地域、とりわけ武夷山の茶農家にとっては、新たな苦悩の時代の幕開けであった。

村の峰や岩に生えている茶の葉でずっと緑茶をつくっていた武夷の農民は、おいしい茶にならなくて、大きく遅れをとっていた。

「どうしてこの山の茶は紫笋《しじゅん》茶や陽羨茶のような味にならないのだ?」

実らない努力を悔やみ、茶葉を抛《ほう》り投げ、何時間もそのままにしてしまった。

すると茶葉の辺縁に、ほんのり紅《べに》が注していたのだ。

「茶が怒っているぞ」

身震いする村の者がいた。

「おれたちを馬鹿にして、笑っているんだ」と捨て鉢に言う者もいた。

自暴自棄的に取り込もうとして身を屈《かが》めると、それまで嗅《か》いだことのない芳香が葉から立ち上っているではないか。

遥かなる昔から地上に生まれ育ってきた生命力の強いツバキ科の植物であるこの山の茶の葉は、摘まれて日に晒《さら》されると発酵（酸化）する性質を、武夷山の農民は、このとき偶然にも発見したのである。

発酵すると、香りは緑茶より華やかで、深く複雑な味の茶になる性質を、農民たちは知ったのだ。

太陽光に当てると、茶葉から良い香りが立ち上ってくる（日光萎凋《いちょう》という）茶の葉の性質を知った村人は、夜雨が降ってきたら葉っぱがだめになってしまうと心配になり、葉をかき集め、室内に移し、またザワザワ茶の葉を広げた（室内萎凋という）。かき集められたり広げられたりした茶の葉はこすれ合わされ、傷ついた。

武夷山の茶葉は、実はこのときを待っていたのだ。

日に当てられたり、こすれ合わされたり、身を捩らせたり、また屋根のある場所に移され広げられたり……、けっこういじめられて初めて、この山の茶葉は味と香りを出す準備を整えてくれたのだ。

この一連の工程を萎凋と言い、言い換えれば萎凋は、

「茶葉の中の酵素サン、お待ちどおさま、やっとアナタの出番がきましたよ」

という合図なのだ。

試行錯誤する明代初期の農民に、その知識はむろんのこと、萎凋だの酵素だの品種だのという言葉もなかっただろうけれど、将来烏龍茶になる品種の茶の葉は萎凋されれば酵素が働いて発酵が進み、香りが生まれ、味が良くなるという性質を、農民は学んでいったのだった。

味も香りも良いお茶に仕上げるには、まず萎凋が絶対に必要である。そのことは、現在の茶関係者なら知っている（萎凋は時間のかかる工程なので、省いてしまう茶業者は多い）。

萎凋とは字の如く、しなしなと、やわらかくよれていく葉の状態をいう。枝にあるときの葉はピンとしているが、枝から離れると、根から上がってくる水分、養分は途絶え、この瞬間、茶の葉は、「アッ、ワタシハ　オ茶ダ！」と自覚するのだろう。葉は手触りの良いビロードのようにやわらかく、しなしなとよれていき、香りを出す準備を開始し、人に飲まれる道を歩き出してくれるのだ。

太陽、水、風の流れ、影――自然界で育っている岩茶の葉は、萎凋してもらいたかったのだ。発酵したかったのだ。


ほんのり朱に染まった茶の葉に、初めて火を入れ、発酵を止める（殺青《さっせい》という）。そしてゆっくり、やさしく揉《も》んでゆくと、さらに強い香りが立ってくる。

それは緑茶にはない、新しい香りであった。

村人たちは炭火で茶葉を乾かし、熱が取れてから湯を注して、期待と不安の中で飲んでみた。緑茶とはまったく違う、高い香りと深い滋味《じみ》があった。村人たちは仰天した。

当然のことながら、村人は品種という植物学的知識など持ち合わせてはいなかった。それまで山の茶葉を緑茶につくっているだけで、日の下に放置し、笊《ざる》の中でゆさゆさ揺するとどんどん発酵が進み、良い香りを発する化学反応も知らなかった。

村の者たちは、赤くならない茶の葉と、赤く変化してゆく茶の葉があることを、こうして知ったのだった。

茶の神は、苦悩する武夷山の茶農家を見捨てはしなかった。

出来上がった発酵茶の色は、烏の羽のように黒っぽい。葉の色の印象から、その茶を烏龍茶と名づけた。龍は水を司《つかさど》る架空の瑞獣《ずいじゅう》である。新発見のその茶に、人びとはありがたい動物の名を与えたのだった。

武夷山の村人たちがつくった茶が、こんにち岩茶と呼ばれる烏龍茶である。明代初期からの苦労が実った大発見であった。その「武夷岩茶」の出現で、茶の歴史の幅は大きく広がった。そこに至るまでに、どれほどの茶葉が捨てられたことか。

緑茶では味わえない烏龍茶の味と香りは、大いなる失敗の結果生まれたのである。

岩茶が生育する峰や岩は随所にあるが、とりわけおいしい岩茶は牛蘭坑《ぎゅうらんこう》、倒水坑《とうすいこう》、慧苑岩《けいえんがん》、流香《りゅうこう》澗《かん》、悟源澗《ごげんかん》だ。中でも慧苑岩の岩茶は群を抜いている。

慧苑岩の、とあるところに、明代創建の古刹《こさつ》、禅寺慧苑寺がある。山の産物のキノコやタケノコや薬草などを採《と》ってきて、清らかな山の水で洗い、煮炊きし、岩茶を飲み、この寺で暮らすひとりの小柄な僧侶を見かけることがある。年齢は不明だが、高齢らしい。が、肌はきめ細かく、身のこなしは青年のようだ。

古刹と言っても立派な山門や方丈があるわけではなく、慧苑寺と書かれた額もない、貧相な山小屋と言ってもさしつかえない。

僧侶は山の産物を寺の前の平らな土の上に広げ、天の光に干している。近くの茶の木の根元に野菜を植えている。完全な自給自足生活の僧侶に初めて会ったとき、わたしは、「お寺の名前がどこにもありませんね」と言ってみた。

「役人が扁額《へんがく》を持ち去った。寺の歴史をみんな持っていった。こんな寺には必要がないのだろう」と僧侶は朗らかに言った。

聞くところによれば、寺の名が書かれた扁額は明代初期の趣のある筆で、博物館に保管するという理由で、役人が持っていったということだ。名を記した看板ひとつない寺など、どこを探してもないだろう。しかし僧侶は寺の名があろうがなかろうが、まったく無関心に見えた。終始笑顔で野菜を洗い、天日干ししている薬草を、小さな身を屈めてひとつひとつ丁寧に点検している。その行動を、生活三昧《ざんまい》と言うのだろう。法華経は、三昧とは、心がひとつに集中して動揺しないこと、と教えている。

「来年また来ます。そのとき慧苑寺でお食事をさせてください」。わたしはキノコや野菜や薬草を眺めながら、この僧はどんな食事をしているのだろうかと、野次馬的好奇心から、ちょっと食べてみたくなって、そう言った。

きめ細かい肌のこの僧は、どんな岩茶を飲んでいるのだろうか。いっしょに飲んでみたかった。

「たいしたものはない。箸と茶碗は持ってきてくれ」

寺に客用の食器はないのだ。僧は山の産物と自家製の岩茶だけで、平然と明るく暮らしている。だれがどうしたとか、仕事がどうだとか、地位がどうだとか、そんなことはたいしたことではないねと言っているようなその姿は、宇宙の理《ことわり》にすべてを任せているように見える。

武夷山は道教の山であり、仏教の山でもあった。

その七

茶王・大紅袍はつらいよ

伝統的製法に従って上質の岩茶をつくり続ける茶師のひとりに、わたしの親友がいる。出会ったのは一九八〇年代末。二十代の彼は、共産党管理下の茶葉研究所所員であった。そのころ茶葉研究所でつくられる岩茶は六、七種類しかなく、わたしはそれを買うことができるようになった。言い換えれば、茶葉研究所の岩茶購入資格が与えられたのである。

発端は、一九八四年に遡る。

華僑の知人に誘われて、ただ気分転換を目的に、たいして気乗りのしない武夷山《ぶい》に行ったことは前項で書いた。山に行く途中、福建省の省都福州に立ち寄り、国営ホテルのロビーで華僑の知人から旅遊局《りょゆう》（政府観光局）局長を紹介され、名刺を取り交わしたものの、知人が局長と話をしている三十分ほどの間、わたしには取り立てて話す話題もなく、問われたことに答えるくらいで、ただ知人の隣のソファに座っていた。

人口十三億人を超える中国人のうち、たった一枚だけ持っていた名刺が、その人のものだった。

その名刺が、こともあろうに、わたしの人生を大きく変えていくことになろうとは。

三年後、一九八七年初秋のある朝、それはその先どうなるのかも考えず、無謀としか言いようのない、いきなりの行為だったのだが、わたしは何かに操られるようにその人の名刺を捜し出し、手紙を書いていたのだった。

——武夷山を訪問したとき、岩茶は門外不出と聞きました。その貴重な岩茶をわたしにください——。

その人がお茶とは関係のない部署の幹部役人なのに、夢の中をさ迷っているような状態で、そう書いたのだ。

十数日後、その人から「福州においでください」と、思ってもいなかった返事が届いた。

無視されて当然だろう、あんな無茶な手紙を書いたのは、本当に自分なのだろうか？

生物学者の福岡伸一氏ならば、人の体は常につくり変えられている、記憶も流されている、一年もすれば、物質的には、人は別人になっている、あのときのわたしと今のわたしは別人です、そんな手紙は知りません、と明るくサラリと言えるだろうし、説得力もあるのだけれど、生物学者でもなんでもないわたしが、たった三十分かそこら会っただけの、中国の偉いお役人に、「今のわたしは別人です」なんて、とても言えない。

あのときのわたしは、今考えても、本当にわたしだったのだろうか、とまったくリアリティーがないのだが、書いたのは、やっぱり自分なのだ。福岡氏ならば、記憶も流れ流されているのだから、自己同一性も幻想で、一貫性もなければ後悔もないということになるらしいが、わたしのその記憶は、流れていなかった。

まだ夢から醒めていない心境ではあったが、その人から返信がきたのは事実なので、お会いするのが礼儀という思いで、とにかくビザを取り、中国に行った。

福州に着くと、四つ星ホテルの大きな会議室に連れていかれた。そこには手紙を出した人以外に知らない数人の男性が待っていた。わたしは再会したその人に向かって言った。

「岩茶で日本人と中国人との文化交流をしたいのです。岩茶が触媒になってくれると思います。そのために毎年武夷山を訪問して岩茶を購入します。わたしの夢を形にしてください」

その文言は、福州行きの飛行機の中で頭に浮かんだものだった。そう言おう。実現できるかどうかわからない大それたその文言にためらいも抵抗もなかったのは、まだ半ば夢の中をさ迷っていたからだろうか。

「わたしの夢を形にしてください」とわたしが言ったのを聞くと、その人は数人の男性と立ち上がって窓際に集まり、二十分ほど話し合っていた。話し合いが終わると、ほかの人たちは着席し、その人は立ったままで、こう言ってくれたのだった。

「あなたの夢は今からわたしたちの夢になりました」

日本から来た見ず知らずのひとりの女の言葉を信頼してくれた！　こんな人が中国にはいるんだ！　この人に会えただけで、もう十分！　わたしはさらに大きな、もうひとつの夢の中に身を投じていくような、そんな気にさせられたのであった。

彼は「明日、武夷山に行ってください」と言い、公用車を用意してくれた。

次の日の朝、福州を発ち、八時間かけて武夷山に到着すると、数人の男性が待っていた。そして五種類、計六キログラムの岩茶を手渡されたのであった……、と、まあ、そういう経緯《いきさつ》で、わたしは茶葉研究所の岩茶購入資格を世界で初めて与えられたのだろう、そう思っている。

岩茶がわたしのところにくる！　どこの馬の骨ともわからないわたしと顔を合わせ、その言葉を真正面で受け止めてくれた福州のあの人を失望させないように仕事をしよう。

自分にそう言い聞かせたそのとき、巨大な現実が目の前にドーンと現れたのであった。夢から醒めたのだ。

さあ、岩茶を手にすることはできた。一九八八年、岩茶を飲む店を開いた。が、しかし共産主義国の人たちとどのように仕事をして、文化交流を進めてゆけばいいのか、皆目わからない。手探りの二年間は瞬《また》く間にすぎて、三年目を迎えた。

毎年、茶葉研究所の一室でその年の岩茶の試飲をするのが一種の儀式みたいになっていたのだが、過去二回の試飲で、味と香りの印象は記憶に蓄積されていて、三回めの年、あることに気づいたのだった。

数種類の岩茶の中に、いつも一種類だけ、違う味わいのお茶があることに。

しかしそれがだれの手による岩茶か、訊いても教えてくれないのはわかっていた。一九九〇年初頭の中国は、そんな時代だった。

そんな時代の空気がまだ色濃かったある年、それまでの人とは違う若い茶葉研究所所員が茶畑を案内してくれた。痩せた無口な青年だった。質問をすると、恥ずかしそうに、地面に視線を落としたまま答えてくれる。尋ねるこちらのほうが、気まずくなる。どういうわけか、中国人は相手の目を見ないで話す印象がわたしには強くあるのだが、何かの拍子に、彼と目が合った。きれいな目だった。青年の目の奥に、ひと筋の輝きを見た気がした。

目と目が合ったそのとき、

「気になっているお茶は、もしかしたら、この人がつくっているのかもしれない」

という思いが脳裡を過《よぎ》った。確信などあろうはずもない、直感だった。

わたしは取材ノートとボールペンを渡しながら、「名前を書いてください」と、茶畑の中で頼んだ。

彼はためらいを見せた。本名を教えるのも規則違反なのかしら？　まさか、それはないだろう。しつこくせがむと彼はついに折れて、ノートの隅っこに、劉宝順《りゅうほうじゅん》と書いてくれた。

それからさらに二年ほどがすぎた夏の武夷山訪問のとき、わたしは宿泊先の総経理を通して、「劉宝順さんを夕食に招きたい」と、お願いをしてみた。夕食会には、武夷山市人民政府の要職にある人たち数人が来ることになっていた。

そのホテルは政府関係者か人民政府が認可する外国人しか利用できない、特別なところだとも知らされていた。茶葉研究所の一所員にすぎない彼が、許可されるかどうか。

自由主義国から来たわたしの意思など及ばないのが共産主義国の組織だろうと考えれば、わたしの希望など受け入られる余地はなさそうだ。なのにわたしは、彼を夕食に招きたかった。

今思えばそれも、ナニモノかの磁力が働いて、わたしを彼に近づけようとしていたとしか言いようのない、衝動的な願いであった気がしてならない。

ところが、である。彼は現れた。洗ったばかりのような、アイロンのかかっていない白いYシャツを着て、茶畑を案内してくれたときにはいていた、年季の入った色あせた紺色のズボンを、擦り切れた皮のベルトで締め、ゴムのサンダルを履いていた。それが精いっぱいの身だしなみであったようだ。

料理は腕の良い料理人によるすばらしい品揃いであったが、彼はどれにも箸をつけることはなく、口を閉ざしたまま、円卓のわたしの真向かいに、二時間じっと座っていた。

緊張させてしまって、悪かったわ。

食事が終わり、お役人ひとりひとりに挨拶をした後、わたしは彼よりも先に席を離れて、レストランの出入り口側の大きな木に隠れるようにして、彼が出てくるのを待った。

ガラス窓からレストランの明かりが漏れているだけの、外は薄闇。

彼の細い体が影のように現れた。わたしは声を掛けた。

「無理に夕食に招いてしまいました。すみませんでした」

「いいえ」というふうな反応をする。

「お願いがあります。あなたがつくる岩茶を、わたしはほしい」

彼が返事をできないのはわかっていた。茶葉研究所所員が、自分のつくる岩茶を販売するのは規則違反、できないのだ。なのにわたしはそう言い、彼をまた困らせていた。

そのころのわたしは四十代後半、夢に手を曳《ひ》かれるように、それまでの生き方とはまったく違う中国茶という新世界に、すでに没頭してしまっていたのである。

未踏の世界でどんな人生が展開できるのか。当てのない冒険であることは承知していたが、そんな青臭さから脱け出せない性格もあって、ものを書く仕事以外のいまひとつの生きる道を探していたわたしは、外国人の来ないこんな山の中で、自分の未来が近づいているような気がしていたのだった。

あなたのお茶がほしいと、レストランの明かりだけが幽《かす》かに漏れている薄闇の木の側で気持ちを伝えた二年後、予想もしないことが起きたのである。

茶葉研究所が解体したのだ。

研究所所員はバラバラになった。

劉宝順さんは武夷山の、ある岩山の麓《ふもと》の蘭湯《らんとう》という場所に、自分の仕事場を持った。彼はそこで、自分のお茶をつくる決断をしたのだ。

が、しかし、茶葉研究所で一種類だけ違う味わいのお茶をつくっていた人が彼であったのか、まったく別の所員の手によるものだったのか。独立した彼の仕事場で試飲するまでは、わからない。

「あなたのお茶がほしい」と直感で言ってしまったものの、それは根拠も確言もない、ただの賭けであった。

わたしは、茶畑で感じた彼の目の奥の、あのひと筋の輝きに賭けていたのだ。

古くて小さく殺風景な建物が、彼の新しい仕事場であった。

彼は蘭湯の仕事場の一室で「肉桂《にっけい》」を淹《い》れてくれた。白磁の小さな茶杯に注がれた「肉桂」を両手で持ち、「どうぞ」と丁寧というより、恐る恐る差し出してくれたのだ。

どうか、あのお茶でありますようにという思いは、どういうわけか、もはやそのときのわたしにはカケラもなかったのを覚えている。自分が言った言葉のすべてを忘れて、丁寧に差し出してくれた彼のお茶をいただく、そういう思いで飲んだ。

ややや、まさに、あの味であった。

いや、茶葉研究所で飲んだお茶よりも遥かに繊細で、上品な味と香りがあったのだ。誠実な男の味であった。

彼とわたしの関係は、こうして本格的に始まった。

彼がつくるお茶は年々おいしくなり、品種も少しずつ増え、日本での評価は高まっていった。ときはすぎ、二〇〇九年の春。中国のCCTV（中央テレビ局）からの出演依頼で、わたしは武夷山を訪れた。収録後、彼は武夷山市郊外の、竹林に囲まれたロッジ風の静かなレストランに招待してくれた。

最初の料理、筍《たけのこ》と鶏肉の炒めものが運ばれてくると、彼はわたしのお皿に料理を取り分けてくれた。そして突然、思いもしないことを言ったのだった。

「ぼくを見つけてくれて、ありがとう」

わたしは目を丸くしてしまった。そして、こんなふうに返事をするしかなかった。

「こういう場合は、神さまにご登場していただきましょう。これが天の配剤ということでしょうね」

彼は「オオー」というような声を小さく発して、俯《うつむ》いた。

「あなたは人を感動させるすばらしいお茶をつくってください。わたしはそれを日本の人たちに知らせます」

劉宝順のつくる岩茶が、わたしの人生に加わった。


新たな人生には、新たな悩みがつきまとう。

茶税、（出国する空港まで茶を運搬する）道路使用税、茶の品質（農薬を含む）などに関し、中国の規則は予告なくして変わる。そのたびに、煩雑な手続きや支払い金額などの難問が襲いかかり、心は闇に被われ、容易に晴れず、暗澹《あんたん》たる気分から抜け出せない。もがいているとき、「あなたの夢は今からわたしたちの夢になりました」と言った福州のあの人の言葉、そして「ぼくを見つけてくれて、ありがとう」と言った劉宝順のあの言葉が胸の奥から衝《つ》き上がり、心の闇を斬るように救いの手を差し伸べてくれる。すると新しい気力が湧き、悩みを克服する勇気になるのだった。

そうして三十数年の歳月が、わたしたちの間に積み重なり、現在彼は五十代後半を生きている。はにかみやで誠実な彼は、国家認定非物質技芸伝承保持者（日本に喩《たと》えれば、人間国宝といったところか）となり、二〇一八年には国家農芸師（大学の農学部教授といったところか）に任命され、岩茶製作者の第一人者になった――。冒頭の〝わたしの親友〟は、ほかならぬ劉宝順である。

何と言っても、中国茶は開放的で明るい。味は複雑で深みがあって、おいしければ良い。淹れ方も飲み方も自由。健康増進に役立てば、さらに良い。だから明るいお茶なのだ。自由なお茶なのだ。味も香りも複雑、重厚、おいしくて健康増進に役立つお茶の最高峰は武夷岩茶、武夷岩茶の王は「大紅袍」である。

唐代、皇帝妃の病を治したお茶で、皇帝はその茶の木に紅《あか》い袍《ガウン》を掛け、感謝の意を表し、「大紅袍」と名づけたという伝説に始まる。武夷山の人たちが大切にしている伝説である。

現在、古木三本が天心岩の絶壁に根を張り、およそ五百年、生き永らえている。天心岩の岩壁にこぢんまりとした家族のように生きている三株の枝に、春、紅い新芽をつける孤高の茶樹は、健気《けなげ》に年老いている。

伝説はどうあれ、三本の茶樹は、唐代から生き続けているわけではない。植物学的には、樹齢約五百年。五百年も生きれば、仙人の資格は十分にある。貴重な不老茶樹であることに変わりはない。

昼間、岩はすっかり乾いて、赤紫色の肌を剝《む》き出しにする。岩塊に育つ茶の葉は、子どものやわらかな皮膚のように、しっとりとしている。太く逞しく発達した根が岩中深く食い込んで、絶妙に調和された自然界のミネラルで育つ岩茶のその薬効には、いつも驚かされる。

とりわけ「大紅袍」の薬効は、カミワザか？

その意味において、伝説は嘘ではない。

「大紅袍」のカミワザ的力を信じられる個人的体験がある——。

疲労が重なり、頭や首に砂が詰まっているような不快感と偏頭痛に、わたしは悩まされ続けていた。それでも無理やり気持ちを奮い立たせ、仕事を続けた。しかし忍耐力は限界。だるい足はどこについているのかわからなくなったようなある夜のことだった。

眠ろうとして、ベッドに潜り込んだ。が、頭が騒がしい。昼間の出来事が次々に脳内で騒ぎ、睡眠を妨げた。

そのとき、ふと思った。

「大紅袍」を飲んでみよう。アンチエイジングなお茶をこそ、こういうときに飲むのだ。

起き上がってお湯を沸かし、小さい急須と茶杯を温め、劉宝順がつくった十グラム入りの袋をハサミで切って、茶葉を五グラムほど、温まった急須に入れて、沸かしたてのお湯を急須の口元まで注《さ》し、浮いてくる泡（これは灰汁《あく》。天然の証《あかし》）を急須の蓋で掬《すく》い取り、蓋についた泡をお湯でサッと洗い流して戻し、十数秒経ったところで急須の蓋を外し、裏に移っている香りを聞いた。

喩《たと》える花、喩える果実の香りが、思い浮かばない。仮に、黄金の光に香りがあるならば、それはその光をくぐり抜けてきた香りのようであった。

食卓の椅子に座り、一煎めをゆっくり口に含み、静かに喉を通した。

黄金の光の香りを追いかけるように現れた味は、亜鉛の味か、リンの味か、カリウムの味か……。

二杯、三杯、もう一杯……、七〇ccくらい飲んだころだった。椅子に座っている姿勢を体が嫌がっているようだったので、再びベッドに潜った。

うとうとした矢先だった。頭のてっぺんから何かが脱けていく感じがした。

それはかなり怖いデキゴトであった。けれどもそのデキゴトは、怖がっているわたしの感情とは無関係に、さっさと次の行動に移っていった。

体の節々から冷風が吹き抜けていくように、何かがスースー脱けていったのだ。

その瞬間、全身の硬直した筋肉がぐんにゃりとし、ふわっと体が宙に浮いた。いや、浮いたような感じがした。

体は軟体動物のようにぐにゃぐにゃになり、指一本動かす意志の力さえなくなっていく。

それからさらに奇妙なことが起こった。

体が自分の意志ではどうにもできないヘンな感じに……。

「あれあれ!」。声にならず、頭の中で言ったのか、言わなかったのか、それさえ定かではないけれど、頭のてっぺんから人体の形に似た(二本の腕がついていたのかどうかは、わからなかった)透明な物体が、スポッと脱け出たのだ。目をつぶっているのに、その物体は心眼にはっきりと見えた。

何が何だかわからないわたしは、頭の中でこう言っていた。

「心もとないので、手を貸してください」

だれに言ったのか、どうしてそんな言葉が出てきたのか、わからない。潜在意識が、だれかに、何か目的があって、言っていたらしい。

すると、脱け出ていたその物体はクルッと宙返りして、頭のほうから体の中にスーッと戻ってくれた。

その物体の形も、わたしの心眼にはっきりと見えていた。脱け出たときの人体の形ではなく、透明な勾玉《まがたま》の形をしていた。

それから微風が、肉体を撫でるように吹いてきた。髪の毛がさわさわ揺れている（実際に髪の毛が靡《なび》いていたのかどうかは、わからない）。

この間、どれくらいの時間が経過していたのか、時計を見ていたわけではないが、おそらく一瞬の出来事だったのではないか。

そして不思議なことに、自然に笑みがこぼれ、いつしか眠ってしまっていた。

翌朝、気分爽快に目が覚めた。体に詰まっていた砂はすっかり掃き清められ、足のだるさは取れ、体は軽く、生きているという新鮮な感覚を味わっていたのだ。

肉体のこの異変を、わたしは直感的にこう思った。

あの物体は、わたしのタマシイなのだろう。タマシイは本来、広大無辺が好きなのだろう。それなのにわたしの体は疲れ、硬くなり、心はうつうつしている。そんなゴミ箱のような器に、タマシイはいられなくなったらしい。

——もう限界。脱けるよ。その間に広々とした居心地の良い器に調《ととの》えなさい。そうしたら戻るからね——そう肉体（器）に指示して、タマシイは外出したのだ！

岩茶に手を出したばかりに、わずかな貯金は使い切った。目まぐるしく変化する中国の規制のさまざまに、神経は擦り切れている。さりとて仕事に無責任にはなれない。

そんなとき、このヒトは心と体と頭の調整ができないところまで追い詰められていると見極めたタマシイが、「大紅袍」と相談をした。

「大紅袍」は「任せなさい」とばかりにせっせと働いて、タマシイ外出のスイッチを入れたのかもしれない……。

タマシイが戻ってくれたから、わたしは生きているのであるが、戻らなかったら黄泉《よみ》の国へ……ということだったろう。

そのような人知を超えた、げにも不思議な働きが、太古の岩のミネラルを食べて五百年も生きている「大紅袍」にあるならば、広大無辺の境地を好むタマシイと秘密会談だってできるだろう、それほど稀なるお茶ではあるようだ。


二十人ほどが集まって、岩茶を飲む会を催したときのことだった。

みんなで「大紅袍」「肉桂」「奇種《きしゅ》」を飲んだ。

「大紅袍」を飲み終えたとき、ひとりの女性がテーブルにしがみついた。わたしはすぐに、彼女に起きている異変が想像できた。タマシイが飛んでいきそうになったのだろう。けれど、黙っていた。

茶会がハネたとき、彼女は、いかにもおかしそうに告白した。

「体が飛んでいきそうだったので、テーブルにしがみついてしまった」

みんなが罪もなく笑っている。彼女の症状を疑う人はいない。それぞれの体に何かが起きていたのだろう。とにかく岩茶がみんなを陽気にしていて、座は明るく、賑やかだ。

カスミ目が治った。頭痛が取れた。肩こり、鼻詰まりが解消した。アレルギーが改善した、緑内障が治った、冷え性が治った、便秘が治った、悪性腫瘍が小さくなった（中には消えたという人も）、糖尿病の数値が正常に戻りつつある、腎臓機能が改善したウンヌン……岩茶を日常生活に取り入れている人に、けっこうそのような変化が見られるのは事実である。

現代医療をもってしても、脳の神経細胞には予想不可能な活動が突然起こる場合があるらしい。そう思わないではいられない出来事があった。

それは一本の電話から始まった。電話の主は、いわゆる植物人間状態で寝た切りになっているという女性の父親である。

「あなたの本で岩茶を知った。何にもできなくなってしまった娘に飲ませてやりたい」

咄嗟のシリアスな話に、わたしはどう反応すれば良いか戸惑った。

「味も香りもわからないと思うのですが、飲ませてやりたい。そう思いまして……」と、父親は続けた。

考えた末わたしは、はっきりした、わかりやすい味がいいだろうと判断して、

「鳳凰《ほうおう》水仙という岩茶があります。茘枝《れいし》のような、マスカットのような香りの、気持ちの良いお茶です。いかがでしょう」

微量元素をたっぷり含んだ香りの良い自然のお茶で、彼女の唇を潤わせてあげたい。そういう思いで、わたしは「鳳凰水仙」を選んでいたのだった。

それから数日後、その父親は再び電話をくれた。

「本当に驚きました。娘に鳳凰水仙を飲ませたら、飲ませるといっても、唇を瑞々《みずみず》しくしてやれるくらいですが、脳波に変化が現れました。娘の感覚脳は生きているんです」

背骨を炎が迫《せ》り上がっていくような衝撃を受けた。

「心臓が動いている限り、わたしは生きているのよ」

動けない彼女は、そう言っているのだ。

脳の神経細胞はシナプスを形成し、千分の一秒という速い電気信号で情報を伝えている。その回路に電気が流れれば、記憶は呼び戻される。そういう回復力をもっているヒトの生命力の底力を、彼女に見たのだ。「鳳凰水仙」が脳の回路にどう働いて電気が流れたのかは、わたしには到底わからないことだけれど、感覚を司る脳神経を刺激し、味、香り（素人ながら多分香りだろうと思う）の記憶が再生されたのだろうか。そしてその若い女性は、死とは？　生とは？　という宗教的、哲学的にはむずかしい問題を、生物学的にわたしに教え、答えてくれたような気がしたのである。

「大紅袍」の茶摘みは、よく晴れた春の午前中に、道教の儀式に従って行われる。

見上げる天心岩の急斜面深くに根を張る「大紅袍」の鮮やかな赤紫色の新芽が、山の光を気持ちよさそうに浴びている。

崖下に祭壇が設置され、香を焚《た》き、赤い袍を掛けられた茶の木に向かって、茶摘み人はひれ伏し、祈りを捧げ、天と地への感謝の辞《ことば》を読み上げる。

武夷山の奇峰奇岩、あるいは洞《ほら》に育つ岩茶は、むろん「大紅袍」だけではない。

宋代には、武夷山に自生し、芳香を放ち咲く花の数にも匹敵するほどの、数百種類の茶の木があったと資料からは窺《うかが》えるのだが、天変地異の影響、皇帝の好み、茶農家の技術の未熟、また実入りの少ない重労働などの理由で、茶農家の人口も品種も減少し続けた。

時代はグーンと下って現代、わたしが初めて武夷山を訪ねた一九八四年から九〇年の初めころ、数種類しか生産していなかった理由はおそらく、皇帝、王侯貴族が権力を握っていた封建体制を葬り、共産主義国家を樹立した毛沢東が、茶は皇帝、貴族の贅沢な封建時代を象徴する飲みものであり、反体制的な文人たちの嗜好品であると退けたため、表立っての生産ができなくなったからだろうし、生産する意味もなくなったからだろう。

それなのに、毛沢東サンは「大紅袍」を飲んでいた……、そういう話を、ある筋から密かに聞いたことがある。毛沢東サンの脳の重要な部分は死に至るまで生き生きしていたようで、考えられる原因は「大紅袍」効果ではないかというのが、その筋の人の推測であった。

しかし文化大革命中(一九六六〜七七年)は、お気に入りの岩茶はもう手に入らないだろうと、文化人たちは地面を掘って茶葉を埋めたり、天井裏に隠したりして、だれにも気兼ねすることなく飲める社会が再びやってくる日を、身を縮めながら待っていたという。

放置され廃れた茶の木、荒廃した茶畑がもう一度蘇り、歴史上有名な岩茶が少量ながらボチボチ表舞台に現れるようになったのは、江沢民総書記時代の一九九〇年ころからだ。

そして二〇一二年の習近平体制の中国は、経済大国に向けて走り出し、経済最優先時代の波に乗り、質の良し悪しに関係なく茶の生産量は急激に増え、岩茶は特別な烏龍茶であるという理由で、値段はどんどん高くなった。

大量生産茶は、土に挿し木。土への挿し木は一、二ヵ月で根が生え、二、三年で摘めるらしいが、その根は細くて、地面に深く食い込めない。細い短い根では、養分は十分、葉に届かない。太陽の光を懸命に吸収しようとして枝は横に広がり、光合成を行う。しかし葉は養分不足なので、おいしいお茶にはなりにくい。

実生《みしょう》の根は十年、二十年かけて、地中深く伸びていく。茶樹は真っ直ぐで、枝は無闇に広がらない。

製茶できるまで時間がかかる実生の茶に手を出せば、経済最優先時代の活動に遅れをとる。のみならず、十年二十年かけて育てた茶樹なのに、果たしておいしいお茶になるのだろうか。茶の文化を未来につなげる希望の木になってくれるのだろうか。十年二十年も経たなければ答えを出してくれない自然の業《わざ》に、不安はつきまとう。徒労に終わるかもしれない、そんな実生の未来に心を寄せ、情熱をそそぐ茶農家なんて、今どきあるだろうか。

武夷山市の新市街に並んでいる茶販売店や他省の茶舗で、「大紅袍」はたくさん売られているが、ほとんどが土栽培の贋《にせ》「大紅袍」だ。贋「大紅袍」が大量生産される理由は単純だ。高額で売れるからであり、本当の味、香りを知らない中国の金持ち消費者が「大紅袍」という名前に群がるからである。

習近平総書記登場より六年前の二〇〇六年、政府は中国名茶ブランド保護を目的に、国家標準を制定している。それによると、

一、武夷岩茶は武夷山の茶葉であること。
二、無性繁殖(挿し木)であること。
三、伝統的製法であること。
四、岩韵《がんいん》があること。
しかしこの国家標準では、品種を特定していない。〝武夷山の茶葉であること〟と制定しているだけで、武夷山中の岩、峰、いくつかの洞に生育する茶樹であることとは指定していない。そこに、ちゃんと抜け道がつくられていた。

一九九九年に世界自然文化遺産に認定された武夷山中の三十六峰九十九岩の岩肌、いくつかの洞に生育する茶を正岩茶といい、岩韵は正岩茶にしか現れない味、香りである。

この奇峰奇岩の外側に広がる土の茶畑は広大だ。そこの土に、正岩茶以外の茶の木の枝を挿し木すれば、無性繁殖には違いないので、業者は「国家が制定する名茶ブランドです」と主張し、押し通せると考えており、そういう葉を摘んで「大紅袍」と印刷した袋に詰めて販売しても、制定された国家標準違反にはならない、ということらしい。

正体不明の茶葉を武夷山市に運んできて、そこの業者に製茶させ、「大紅袍」として販売する知恵の回る者もいる始末だ。

長い長い歴史を積み重ね、自然の試練に耐え、何百年もの歳月を生き抜いてきた母樹が品種の母であり、すべて在来種である(一般的に、ある地域の境界内に自然に存在する動植物を在来種という)。言い換えれば、在来種の初めは、花粉による自然雑交で生まれた種《たね》で育った茶の木なのだ。つまり実生の茶の木である。そういう茶の葉を製茶して飲んだ昔の人たちが、木犀《もくせい》のような香りがする、沈《じん》丁花《ちょうげ》のような香りだ、伽羅《きゃら》に似た香木の感じがあるウンヌンと、飲んだ印象（岩韵）から「肉桂」、「白瑞香」、「石観音」と名前をつけていったのだ。

生えている場所に因んだ名前もある。葉の形からつけられた名前もある。すべて実生で育った品種である。品種の数だけ、名前がある。正岩茶の名茶は、実生在来種を選抜して、長いときを経て生長した茶なのである。

在来種の根は地表に出ている丈《たけ》の二倍以上は長く、武夷山の礫壌《れきじょう》砂岩に深く伸び、張り巡らされている。そして岩に含まれる天然のミネラルと水を吸い、葉に送られ、葉は大気の「気」を浴び、日光の恩恵を受けて、春の新芽を十分な養分で満たす。

つまり武夷山の太古の岩に生育した在来種の母樹の挿し木だけが、正しくは国家標準制定の無性繁殖の条件に適《かな》う茶樹で、その葉だけが、岩韵がある正岩茶なのであるが……。

無性繁殖はいわばクローン。だから母樹と同じ味、香りを、理論的には維持できる。

しかし母樹のDNAを受け継いでも、どこの岩に生育しているか、その年の天候はどうであったか、茶葉に適した萎凋《いちょう》を日光と室内で適正に行ったか、明代からの伝統的製法に従って、炭火で最後の仕上げ乾燥を行ったか。

そうした丁寧でデリケートな工程を、高い技術で誠実に行ったかまで問わなければ、人に感動を与え、魂が陶酔する岩茶にならないのは明らかである。

名茶が育つ地形には、ある共通性がある。まず空気（気）の流れが良い。光が良い。気が流れる先に、水がある。水が汚れた気を浄化する。土が良い。このような自然環境にある地形が、風水的には理想的で、そこに生育する茶は魂さえ酔わせる。

いくら国家標準を制定しても、したたかにすり抜け、知恵が回る製作者の茶は、飲み手の肥えた舌は騙せないものである。


二〇一六年の武夷山でのこと。

宿泊する山荘の部屋に、政府機関で働いているという女性から電話連絡があり、わたしは指定された場所へ行った。何とそこは工事中の建物であった。

彼女は七階にいると言った。セメントや工具が散乱する壊れそうな階段をこわごわ歩いて上る。七階は最上階だった。コンクリートの床にセメントの袋、バケツ、スコップなどが散らかるガランとした空間に、新しい重そうなテーブルが、いかにも場違いにひとつあり、そこに新品の茶道具が一式揃えられていて、体格の良い、四十代らしい女性がいた。

ここは廃墟ではないの？　本当に建設途中なの？　新品の重そうなテーブルを、エレベーターのない七階までわざわざ運んだの？　不自然な空間が、わたしの足を彼女の数メートル手前で止めてしまう。どうしてこんな場所に呼んだのだろう？　ホテルのロビーだってあるのに。彼女の演出だろうか。どんな意図が？　何もかも不自然で、腑に落ちない。あれやこれや考えてもわからず、彼女の演出（？）に、黙って従うことにした。

彼女が近づいてくる。足元を気にしながら、わたしも彼女に近づく。名刺交換をする。彼女の肩書は、政府機関の広報職員。彼女は笑みを浮かべながら椅子を勧めた。テーブルを挟んで、わたしたちは腰を下ろした。

「岩茶はすべて大紅袍から出発しています」と、いきなり彼女は言った。

意味がわからなかった。返事のしようがないわたしは、コンクリートを刳《く》り貫いただけのガラスのない窓から、眼下に雑然と並び建つ新市街の建物をぼんやりと眺め、彼女の説明の続きを待った。が、それっきり彼女は口をつぐみ、岩茶を淹れ始めた。

「どうぞ」。彼女が白磁の茶杯を、わたしの目の前に置いた。手にした茶杯を口元に近づけた。焦げた強い匂いがした。彼女の手前、飲んだ。焙煎の強い、焦げ臭いその岩茶は、味も香りも死んでいた。

「これは?」と訊くと、彼女はにこにこして、「大紅袍です」と言った。

小さな茶杯一杯を飲むのがやっとだった。が、このとき、さっき彼女の言った意味が理解できた。どんな茶葉でも「大紅袍」にしてしまう。悪い茶葉は焙煎を強くして、味を殺してしまう。そういう意図を、外国人でただひとり岩茶を扱っている日本人のわたしに念押しをしておく。それが彼女の役目だったのかもしれない。

「大紅袍」は唐代の伝説に包まれた有名な岩茶であることは、お茶好きの中国の人たちには知られている。「大紅袍」という名前を利用すれば、新人茶農家、販売者、喫茶店経営者から従業員に至るまで、歴史、文化、茶という植物の特性などの面倒な教育を行わずに済むのだ。正統「大紅袍」の味を知らない中国人の舌は、騙せるらしい。

「大紅袍」が、崩壊しそうな工事中の新築ビルのように感じられてくる――。

広報の女性職員に面会した次の年の二〇一七年、「大紅袍」は四種類に分類されたことが、関係者に通達された（カッコ内はすべて著者註）。

・樹齢約五百年、天心岩の母樹三本の「大紅袍」（二〇一八年、製茶は禁じられた）。

・二〇〇八年に大量に挿し木した「大紅袍」。年間生産量は五百キログラム未満（実際は、どの岩、あるいは土に挿し木した茶樹かは不問。品種も不明）。

・ブレンド「大紅袍」（ブレンドする茶葉は不明）。

・「口粮《コーリャン》大紅袍」（食事といっしょに気軽に飲める「大紅袍」のこと。業界だけが使う名称）。

天心岩の母樹三本の「大紅袍」の枝を切った挿し木でなければ、正統「大紅袍」のクローンとは言えないのに、どうしてこのような「大紅袍」分類を発表したのだろうか。その意図は解けない謎のまま、わたしの中で燻《くすぶ》り続けている。

工事中のビルで「岩茶はすべて大紅袍から出発しています」と言った彼女の言葉は、今思えば、「そう認識してくださいね」という、わたしへの教育だったのか……。

国家の品格に関わる文化を吹き飛ばす経済の乱気流に巻き込まれながら、劉宝順さんも年を取っていく。彼のような岩茶づくりの名人が経済に押し潰されてしまうとき、真の岩茶は、果たして武夷山に残るのだろうか。

そんな危惧を抱く一方、三千年の歴史を歩み、積み重ねてきたお茶は、目まぐるしく揺れ動く政治、経済に、そう簡単に潰されはしないという確信もある。それが底知れぬ文化の力というものだから。

長い歴史を顧みて、文化の尊さに目覚めたとき、中国の茶の歴史は新たな始まりを見せるのかもしれない。そのときの味、香りは、どのように変化しているか、それはだれにもわからないが……。

そんなことを考えながら、あるとき劉宝順に訊いた。

「あなたはこれからどっちに向かって仕事をしていきますか」

「ぼくは今まで通りです。茶は中国の大切な文化です。茶はぼくの命ですから」

その八

地球の骨には味がある

そのお茶は、日の当たらない場所で、慎ましやかに生きている。

名前を「不見天《ふけんてん》」という。

天を見ず——茶には最悪の環境だ。人間が植えたとは思えない。ならば仙人の仕業《しわざ》か。あるいは茶の木に何やら意思があって、敢えて天を仰ぎ見ない隠れ家のような場所を選び、ひっそりと自らを育ててきた変わり種なのか。

不遇を逆手に取って居直っているような、意味ありげな「不見天」という名前に、わたしはまず興味を持った。飲んで、惹かれた。ひと言では表現できない複雑な大人《おとな》を感じさせる〝隠れ味〟が、好きである。

日の当たる高い巨岩は性に合わないのか、「大紅袍《だいこうほう》」に向かう山中の、真夏でも緑陰が涼しい、とあるところに、深さ数メートルの浅い渓《たに》がある。片側斜面が大きく抉《えぐ》られている。その空間が「不見天」の住まいだ。首を伸ばして上から覗けば、清水がさらさら、耳に軽やかな音を立てて流れているのが見える。川幅は狭い。

下りられそうな斜面を見つけて、草の根っこや細い木の幹に摑まりながらそろそろと下りる。水のほとりに立つ。しゃがんで、両手で碗をつくり、川の水を掬《すく》って飲んだ。軟らかい、甘い水だった。後で知ったことだが、その水の硬度は二十六くらいだそうで、これほど軟らかい水は、日本のどこにもない。軟水は胃腸に良い。岩茶もおいしく出る。

流れる川の音は、ドビュッシーの音楽のように、耳に気持ちが良い。

どうして日の当たらない、じめじめしたこんなところに、あなたはいるの？　水の音が好きなの？

人が植えたのなら、明るい光のある地を選ぶはずだ。やっぱり仙人が植えたのだろうか。

植物は根を下ろす場所を自分で選択し、気に入らなければ引っ越す、なんてことはできない。植物の宿命だ。そこの土が適わなければ、水がなければ、そして光のない環境は、死滅への道である。むろん長い年月を重ね、適合して、生き延びる知恵が植物にだってある。が、茶の木に限っては、仮に生き続けられたとしても、飲むに値するお茶になるとは限らない。茶の木は、人に飲まれてこそ、価値が生まれる植物だからだ。

「不見天」の住処《すみか》は、とにかく不可解である。数十年前に発見されたそうで、場所に因んで「不見天」と名づけられた。

しつこくもわたしは「不見天」の半日を知りたくなって、武夷山に滞在したある年の夏の早朝、親友の茶師、劉宝順《りゅうほうじゅん》さんとふたりで「不見天」の渓へ再び出かけた。

劉さんはお湯の入った魔法瓶を持ち、わたしは白磁の小さな蓋碗一個、小さな茶海一個と茶杯四個を収めた赤い布製の携帯茶道具入れを提げて。〝旅茶具《たびちゃぐ》〟と呼ばれるこの茶道具入れは、旅遊局《りよゆう》の幹部職員からみやげにもらったものだ。

「不見天」の渓の上に着くと、魔法瓶と旅茶具とわたしのバッグを地面に置いて、わたしたちは斜面を下りた。少し先に下りていく劉さんが、わたしが滑り落ちないように手を貸してくれる。握った名茶師の手の平は、皮膚のしっかりした逞しい手だった。

「不見天」の前に立った。

洞《ほら》と言っても奥行き二メートルあるかないかのこぢんまりとした空間で生きてきたひと塊《かたまり》の「不見天」を、早朝の穢《けが》れなき一条の光が、「おはよう」と挨拶をしているように、穏やかに包んでいた。

葉は、「不見天」が吐き出す息のように青い輝きを放ち、生き続けられた歓喜を光に伝えているかの如く、仄かに揺れている。

肌に気持ちの良い朝の光とほど良い気温と瑞々《みずみず》しい気が、茶の葉の呼吸を楽にしているようだ。空気を栄養にできる者が不老者（仙人）になる。そう道教は教えている。「不見天」が、道士のように見えた。

朝の光が遠ざかるにつれて、「不見天」は淡い影に包まれ始め、やがて光と別れる。

わたしたちも「不見天」に別れを告げ、斜面を上って山道に戻り、茶樹の真上あたりの地べたに、向かい合って腰を下ろした。

「不見天」を飲むのは、ここしかない。わたしは迷うことなくはじめからそう決めていた。

劉さんが魔法瓶のコルク栓を抜く。栓がポンと軽やかな音を立てた。

旅茶具のチャックを引き、布袋の中から蓋碗と茶杯二個と茶海を出して、劉さんが製茶した「不見天」二十グラムほどの茶葉が入っている紙袋をバッグから出して、地面をテーブルに、飲む準備をした。

劉さんが無言のままにこにこしながら、わたしが袋に残した二個の茶杯を取り出し、茶杯四個を地面に並べたのだった。

ふたりしかいないのに、どうして四個なの？　二個をどうするつもりだろう？　小さな蓋碗でも、ふたりでは、お茶はあまる。茶杯ふたつをひとり分にするつもりで、そうしたのだろうか？　そう思って、敢えて訊きもしなかった。

「地面に座って飲むのは初めてです」劉さんはうれしそうだ。野点《のだて》というより、ピクニック気分。しかし劉さんは、ピクニックを余暇に使う生活なんて知らない。余計なことは言うまいと、わたしは口を慎んだ。

劉さんは蓋碗に魔法瓶のお湯を入れ、最初に蓋碗を温めた。蓋碗のお湯は捨てないで、茶海と茶杯に移し、それらを温めた。お湯を無駄にしない行為だ。

それから彼は「不見天」をひとつまみ、袋から蓋碗に入れ、魔法瓶の熱いお湯をなみなみと注いだ。白い泡が元気よく浮き上がった。茶葉が生きている。生きている茶葉に、水が適っている証拠の泡だ。

劉さんは表面に浮いている泡（灰汁《あく》）を蓋碗の蓋で手早く掬い取る（お茶の味と香りに影響するので、灰汁は必ず取る）と、魔法瓶のお湯を蓋にかけ流した。湯と泡が地面に滲《し》みた。きれいになった白磁の蓋を、彼は素早く碗に戻した。

熱湯が指にかかったはずだが、彼は熱いとも言わない。顔を歪めもしなかった。茶の製作で鍛えられた手だからだろう。

琥珀色の茶が、蓋の隙間から溢れてくる。熱い茶の力が、蓋を持ち上げたのだ。二、三秒後、蓋はスーッと茶碗に戻った。ココッと、蓋と茶碗の触れ合う音がした。茶が安堵の息をついた音だ。茶碗の中で、茶葉とお湯が語り合っている。

蓋の周りに滲み出ている琥珀色の「不見天」に、光がたっぷり降りそそいでいる。香りが清浄な山の空気と交わり、わたしたちの周りを泳いでいる。

「いい香り！」

わたしは深呼吸をして、「不見天」の香りに染まった空気を、思いっ切り吸い込んだ。

はたから見れば、いかにも滑稽なわたしの行為とは対照的に、劉さんは真面目な表情で蓋碗を右手に持って、ちょっとズラした蓋の隙間から「不見天」を勢いよく茶海に移し入れ、土のテーブルにちょこんと不安定に載っている四つの茶杯に一滴もこぼさず注《つ》ぎ終えると、茶杯をひとつ持って立ち上がり、天に向けてお茶を振り撒いた。

ああ、そういうことだったの！

劉さんが四個の茶杯を地面に並べたわけが、やっと理解できたのだった。

彼はもうひとつの茶杯を、腰を屈めて手に取った。

あとふたつの茶杯は、地面の上にある。

わたしも腰を上げ、劉さんの横に立った。

「どうぞ」

彼は手にしている茶杯を、丁寧な仕草で寄越した。

わたしは血の巡りが悪かった。劉さんがわたしにしてほしいことが、遅ればせながらこのとき、すっかり読めたのだった。

わたしは両手で劉さんから茶杯を受け取り、「不見天」の茶樹の方向目がけて、お茶を捧げ撒いた。

劉さんがうれしそうに目を細めた。

そのお茶をどうするの？　と最初の一碗を持って立ち上がった劉さんに訊かないでよかった。

「あなた、岩茶と何年つきあっているんです？　不見天に感謝してください」などと、嫌味や恩着せがましいことを言う人ではないからだ。わたしは密かに恥じた。

天と地と茶の木に敬意を払う道教の儀式を、彼はさりげなく行っていたのである。

それからわたしたちはしゃがんで、地面のテーブルに置かれた茶杯をひとつずつ持って、飲んだ。

どこかに梔子《くちなし》のような香りが、どこかに穀物のような香りもあった。淡いようで淡くはなく、味の中心に、揺るぎない強さがあった。

茶が口を潤し、気持ちが落ち着いていく。

劉さんが二煎めを淹《い》れた。

回《かえ》ってくる香り（回香《ホイシャン》という）は花のようであり、どこかに香木の感じもあった。突然わたしは幼いころ嗅いだ、紬《つむぎ》を着た父の背中の香りが思い出されたのだった。

木犀《もくせい》のような香りの「肉桂《にっけい》」や茘枝のような香りの「鳳凰水仙」のように、はっきりと表現できないところが、孤高の岩茶「不見天」の魅力である。

岩茶を味わうには、面倒な所作や茶室は要らない。地べたに座って味わえば、体は満足してくれる。魂が笑ってくれる。

地面に座して「不見天」を何杯も飲んだわたしは、夢幻界を漂う気分になっていた。太古の風景の中を遊んでいる気分になっていた。わたしは「不見天」に酔った。茶酔《ちゃすい》に身を預け、二、三十分、地面に座っていた。

劉さんのほうから「帰りましょう」と、急き立てはしない。いつまでもそこにいたかったが、劉さんの性格を知っているのでそうもいかず、のろのろと旅茶具を片づけ始めた。帰り支度を、劉さんが手伝ってくれる。蓋碗の中の出涸《でが》らしは渓に撒き、土に返した。

ふたりは帰路についた。

茶酔状態のわたしの歩行を頼りなく感じたらしい劉さんは、赤い旅茶具とわたしのバッグを持ってくれた。両手に魔法瓶と女もののバッグと赤い旅茶具を提げて山道を歩いている劉さんの恰好がおかしくて、わたしはクスクス笑っていた。

身軽になったわたしは、山を下りながら、

「不見天はお茶には良い環境ではないのに、生き延びた。強い茶樹ですね。品種をご存じ？」と訊いた。が、彼は気まずそうに、細い笑い皺を目尻に刻み、「わかりません」と言った。

答えのないまま、何年も、ときはすぎた。

だれかに見つけられて「不見天」と名づけられた岩茶は、わたしにはミステリーのまま、ときはすぎていったのである。

「不見天」のミステリーを心に残し、まるでいとおしい人の謎めいた気懸かりを忘れたり思い出したりしながらすごしていたある日のこと、親友がひとつの科学レポートを見せてくれた。レポートを読み終えて、ある閃《ひらめ》きが過《よぎ》った。「不見天」の謎めいた魅力を解いてくれそうなヒントが、そこにあるように感じたからであった。

そのレポートはわたしに、ジャンク（不要、廃物）DNAという言葉を教えてくれたのである。

それは、正体の解明された茶の重要なDNA（主として香りに関するDNAらしい）を生かすために、どれほどたくさんの不要なDNAが働いてきたかというレポートであった。

数え切れない不必要なDNAが存在したから、必要なDNAの働きが可能になった、というのである。

茶にジャンクDNAなるものがあった……。

それを知って、「不見天」がなぜ梔子のような穀物のような香木のような芳香を生成しながら、あのような場所で生き続けられたのか、そのミステリーを考えるヒントが、そこにあるような気がしたのだった。

渓の空洞で生き続けられた「不見天」は、根や枝がごみごみ混み合っている場所であったら、優れた茶の木には育たなかった、生き残れなかったかもしれない。朝の一条の光だけでは、多すぎる葉には足りないだろうから。

人が植えた植物ならば、どれがよく育つかを見極めて、間引く。植物が丈夫に、立派に生長してゆくために、間引く。

しかし「不見天」は、人が植えた茶の木ではない。

何十年か前、どこからか茶の種が運ばれてきて、あるいは転がってきて、水辺の空洞に止まり、根が生えた実生の茶である。在来種である。

そして長い年月、人に冒されず、岩韻《がんいん》豊かな岩茶に育っていったのだ。

自ら身を引いていった、命名される以前の「不見天」が何本か、きっとあったに違いない。

――アナタヲ生カスタメニ、ワタシハ消エテユキマス――。

長い年月の間に何本かの茶の木は消えて、残された「不見天」に強い生命力が与えられ、香りのDNAは引き継がれた……、そんな想像をしてしまったのである。


ある年の秋、友人Cと紅葉がきれいな丹波路を散策した帰りの列車の中で、一昼夜かけて抽出した水出しの「不見天」を飲んだときのことである。

「こんなに落ち着くお茶はない。騒がしい気持ちがどこかへ行ってしまった」と、隣に座っている友人は、独り言のように言った。

目をつぶって茶酔を楽しんでいるわたしを、ふと漏らした友人の言葉が、ある幻想の世界へ連れていってくれたのだった。わたしの頭は、夢と現《うつつ》の境目にあるような景色に、占領されていった。

――わたしは山道を歩いている。さまざまな植物に出会う。小さな白い花が、何かを語りかけてくる。

わたしはさらに山奥へと分け入ってゆく。喬木や灌木の隙間から、夕方の赤錆《あかさび》色の光が射し込んでいる。

秋にしては冷たすぎる風が、ときおり吹いてくる。

人の歩いた跡が、だんだん消えていく。

安全な場所に出られるのだろうか。

心臓が早打ちを始める。

足は勝手に前に進んでいく。

体がきつくなる。

考えることに疲れ、ただ歩いた。

黄色や薄紫色の小さな花々が、地上の星のように瞬いている。

風に木々の葉がさわさわ揺れ、「こっち、こっち」と誘っている。

岩を伝わって落ちてくる水音が、慌《あわただ》しく循環する血の音を鎮めてくれる。

水の音と血の音が同調する。

不安は水に吸われ、風にさらわれ、頭も気持ちもガランドウ。

山を抜けると、わたしは、まぶしく光る広大な地に立っていた。

遮るもののない空間が、天上と眼下にあるだけ。

贅沢すぎる光景に、わたしはくらくらした――。

友人の漏らした言葉が、狭い座席に座って、列車のほどよい揺れもひと役買って、「不見天」を飲んでいたわたしを、非現実の世界へ誘ってくれた……。そうとしか言いようがないのだが、あざといといえばあざとい、そんな症状をもたらす茶を、もしかしたら隠者の茶、修験者の茶と言うのだろうか？　そんなふうに感じてしまったのである。


長年気になっていた「不見天」のミステリアスなあの疑問に、劉宝順さんが二〇一七年の春のある日、突然答えてくれた。

「不見天の品種は不明ですが、生命力の強い茶樹です。不見天のような茶の木は、この山の渓のどこかにまだあると思います」

不明というのが、答えだった。

笑ってしまった。けれども、十数年前のわたしの疑問を、彼はちゃんと覚えていたのだ。

ミステリーはミステリーのままでいい。何もかも科学で解き明かされないほうが、ロマンがあっていい分野だってあるのだから。

人に知られることもなく、品種不明の茶樹が、魅力的な味、香りを失うことなく、酷な環境の中で生存できたのは、ジャンクDNAに喩《たと》えれば、たくさんの消えていった茶樹があったからだという考えに、とどのつまり、わたしは到達せざるを得なかった。そこには必ず清らかな水があり、鳥がさえずり、朝の新鮮な光があり、さまざまな昆虫が這い飛び交う、冒されていない自然があったからだろう。

かくして品種不明のミステリーの謎解きは、わたしを十分遊ばせてくれたのだけれど、そんなところの茶の木を、幻想を誘う茶に育ててくれたのは、空洞の土か、朝の幽かな陽光か、死滅していった周りの茶の木か、鳥や昆虫か、それとも発見した心やさしい茶師の技なのか？　わたしにその答えは出せない。ただ「不見天」と対面し、その茶を飲むたびに、儚《はかな》くも弱い自分に気づかされるだけなのだ。

とにかくわからないことばかりに囲まれて、わたしは何千品種あるかわからない茶の世界のひとつ、岩茶の魅力に取り憑《つ》かれっぱなしで今を生きている。そして毎年毎年、武夷山で岩茶のミステリアスな出来事に遭遇し、巻き込まれているのである。


武夷山の老茶師が、わたしに薄茶色の地味な小袋を三つくれた。

「お茶の名前は何ですか」

むろん岩茶であるのはわかっているが、袋に茶の名前が書かれていなかったので、訊いた。

ところが老茶師はにこっと笑っただけで、教えてくれなかった。

彼はいじわるをしているのではない。遊んでいるのだ。そう思った。

茶目っ気のある遊びだけれど、もらったわたしは、ちょっと重い気分になる。今度会ったとき、「あの○○茶の味はこうでした」と、茶の名前を添えて感想を伝えるのが礼儀だからだし、わたしも岩茶と真剣につき合ってきたのですよと、自信を伝えたいからだ。

そういう意味でも、遊びは闘いである。その闘いに双方が満足すれば、信頼関係はさらに強く、豊かになる。だから、もらうほうは楽ではないのだ。

ひと袋に十グラムの岩茶が入っていた。全部で三十グラム。良い岩茶だろうと想像はつく。が、それ以外のことは、見当もつかなかった。

さて、だれと飲もうか。それに悩むのも、お茶の楽しいところだ。

そのときちょうど大阪出張があり、関西のお茶仲間十人と飲むことにした。

彼らは批判も称賛も、大阪人特有の歯に衣《きぬ》着せず語ってくれる。冗長ではあるが、試飲にはおもしろい面々である。

「この岩茶の名前はわかりません。ポンと渡されただけですから」と、わたしはまず断りを入れ、老茶師とのそのときの状況を話した。みんな興味津々の表情になる。

場所は大阪、難波《なんば》にある名刹、黄檗《おうばく》宗鉄眼寺《てつげんじ》の一室。

水は浄水器を通しただけの大阪の家庭用水道水。茶道具は銅ヤカン、宜興《ぎこう》の紫砂《しさ》茶壺《チャフー》（急須）、茶海は、茶の色が透明か濁りがあるかがはっきり見える透明なガラス製のものを、茶杯は景徳鎮《けいとくちん》の白磁、火はガス、すべて普段使っているものを用意した。

淹れる人は、大阪のある高等学校教師で、中国茶通の田前正さんが指名された。

一煎め。茶葉を乾燥させた炭の味がまだ残っていた。味ははっきりしなかった。しかし仕上げの乾燥には、竜眼《りゅうがん》の炭火を使っているようであった。

竜眼の炭火はやわらかくて、じっくりゆっくり火が回るので、上質の岩茶を乾燥させるときに使う。が、この火で乾燥させる茶業者は、今はほとんどいない。

竜眼は福建省の特産品で、味と果肉の色は茘枝によく似た、夏のおいしい果物である。竜眼の木炭で乾燥させる茶は、上質な茶に限られる。

現在、ほとんどの茶業者は電気乾燥仕上げ。炭火仕上げは上質の茶葉ならば一度に三百グラムくらいしかできない、時間のかかる、厄介な手仕事なのだ。

注意しなくてはならないのは、たいした茶葉ではないのに、茶葉の正体を隠すために故意に焦げ臭く電気乾燥させている茶業者が多く、一煎めは、炭火仕上げか電気乾燥仕上げか、巧妙にわかりにくくさせている茶葉があるということだ。見分け方は、炭火の場合は、焦げた味ではなく、炭の残り香であるということ。電気乾燥の場合は、まさしく焦げた味で、飲むに耐えない。

味にうるさいこの日の人たちは、一煎めを飲んだ後、一斉に沈黙した。おいしいからではないようだった。炭の匂いが鼻について、「落第」と言っているような沈黙であった。

三煎めまでに炭の匂いが消えなければ、失格品。その場合は、どうしてわざわざ炭火を使ったのか、不可解さだけが残ってしまう。

二煎め。炭の匂いが引き潮のように遠ざかった。でも、味はまだ輪郭を現してこない。

三煎め。炭の匂いは完全に消えた。茶の味は朧月《おぼろづき》のように、ぼんやり感じられた。田前さんは顔を上に向けて口を閉じ、舌を盛んに動かしている。

「たいしたお茶ではないと思う。もう飲まなくてもいいんと違います？」ひとりの女性が痺《しび》れを切らしたように感想を述べた。

そのときわたしの舌は、砂糖四、五粒くらいの甘味を、鼻の奥のほうでは蘭のような花の香りを、微かにだが、捉えていた。しかしそれは、「良いお茶であってほしい。せっかくみんなが集まってくれたのだから。どうか、あの老茶師の悪ふざけでありませんように」という願いが感覚脳に伝わり、味覚、嗅覚が錯覚を起こし、条件反射的に、甘味と香りを感じさせていたのかもしれなかった。脳の思いやり、脳のいたずら……、そういうことだってあるという経験が、わたしにあったからである。

随分昔のことになる。過激派組織「イスラム国（IS）」との戦闘で、今は観光で入国する人もいないイラクのモスルに行ったときのこと。目的は旧約聖書にあるニネべはどんな都市だったのか、古代都市の廃墟に立ってみたかったことだ。そこへ行くには、まずモスルに入らなければならない。ニネべの廃墟に、楔形《くさびがた》文字が刻まれた粘土板のひとつくらい、転がっていないだろうか。そんな風景を見たくて、バグダッドからモスル行きの列車に乗ったときの出来事である。

到着まで、まさか七十二時間もかかるとは思ってもいなかった。無知と迂闊《うかつ》で、食料を用意していなかったのだ。駅に売店はない。むろん、車内販売などない。

飲まず食わずの四十数時間がすぎたとき、わたしはいきなりお寿司を食べたくなった。するとお寿司の味と香りがしてきたのだった。

わたしは目をつぶって、ときどき行くお寿司屋さんの店内を思い出していた。

カウンターに座る。ガラスケースに並ぶネタを、目蓋の裏に描いていく。

大きな湯飲み茶碗で、熱いお茶をまずひと口飲む。それから大好きな中トロを握ってもらう。食べる。嚙んでいるところを思い描いていたら、口の中いっぱいに、中トロの甘い香りが広がっていった。

おいしい！　唾液が出た。ゴクリと唾液を呑み込んだ。

次は卵焼き。シャリ抜きで。江戸前のちょっと甘い卵焼き。ひと切れの半分を食べる。舌鼓を打つ。唾液が出た。熱いお茶を、またひと口飲む（梅干を思い描いたほうが手っ取り早く唾液が出るのにと言われそうだが、食べたくないものでは、唾液も味も香りも表出しないのです）。

「ああ、おいしい！」わたしは溜息をついた。

お寿司の味はいつまでも口に残り、香りはいつまでも鼻の奥にあった。

お腹が満たされたわたしは（本当に満たされたのです）うとうとし、いつしかぐっすりと眠ってしまったのだった――。

今では考えられない、ひもじい体験である。けれど、脳にはそんな〝思いやり機能〟と言うか、錯覚で味覚、嗅覚を刺激し、胃を満たしてくれる〝お助け機能〟のようなものがあるのかもしれないと、わたしはあのときの体験で確信しているのである。

味覚は訓練によって磨かれるという。が、嗅覚はどうだろう？

匂いは、どんなふうに、人間の感覚脳に記憶されているのだろうか。マルセル・プルースト（フランスの作家、一八七一～一九二二）は紅茶とマドレーヌの香りがある記憶を刺激し、あの長編小説『失われた時を求めて』を書く動機になったという。

突然記憶が現れるある精神状態が生の歓びとなって、プルーストは『失われた時を求めて』を書いたと言われるが、むろんプルーストと自分を同列に並べて論じるなんて大それたことで、そのような意図とか企みは毛ほどもないけれど、突然香りの記憶が現れるある精神状態は、想像できるのである。

三煎めでわたしは確かな甘味と蘭のような花の香りを感じたのだが、「良いお茶であってほしい」という願望が、脳に味と香りのいたずらをしていたのかもしれなかった。モスル行き列車で味わった架空の寿司の味、香りの体験から「甘味が出ましたね、蘭のような花の香りがありますね」などと軽率に言ってしまうと、突っ込みが得意な大阪の人に「同じお茶なのに、こっちのお茶にはありませんけどね」なんて言われそうで、わたしは口を閉ざしてしまったのだった。

そんなとき別のひとりが、「たいしたお茶ではないと思う」と、田前さんにストップをかけた。

しかし彼はトボケた表情を見せるだけで、淹れる手を止めなかった。

四煎めを飲んだ。繊細な苦味と、はっきり捉えられる甘味が、忽然と現れた。

「いやァ、じれったいお茶ですわ」ひとりが言った。初めはあきれ返って、やがて愉快そうに。

その味は、淡い甘味に上品な苦味が溶け合って、我慢した分を取り返させてくれるように、舌を喜ばせてくれたのであった。

「ついに正体を現してくれた。しつこく淹れた甲斐があった」そう言って、彼は四煎めの味に、ほかの九人などいないかのように、ひとりうっとりとしていた。

名前も知らないその岩茶は、こちらが根負けするほど、それから延々と良い味を出し続けたのである。

その岩茶の味は重からず軽からず、渋味はなく、喉を通過した後に回《かえ》ってくる香りは、風に運ばれて幽かに届く春蘭を思わせてくれた。

逃げてゆく味、散ってゆく香りは、たくさんある。その味、香りをタイミングよく捉えるのは、岩茶を淹れる人の腕ひとつにかかっている。が、その岩茶のように、根負けしそうなほどじれったいお茶は、めったにあるものではない。加えて言えば、蘭の香りのある茶は最高級品と、中国の茶人は言う。名茶をつくる人は、蘭の香りを目指してつくるというし、淹れる人は、蘭の香りが出るようにと、祈る気持ちで淹れるのだそうだ。

苦味、甘味、渋味――そのお茶には、何ひとつ突出した味はなかった。そしてないようである香り――このような状態を、中国では中庸《ちゆうよう》と表現するらしい。そのお茶は三煎めでその兆《きざ》しを見せ、四煎めにして中庸の味を、一碗の茶に現してくれたようであった。そう感じたわたしは、

「何煎めかに、きっと真の味が出るって、信じていたのですか」諦めないで淹れていた田前さんに訊いてみた。彼は大阪人らしい冗談口調で、

「電気で仕上げた焦げ臭さではなかった。木炭で乾燥させて仕上げていますから、いつ味が出てくるか、楽しんでいたんです」と言ってのけた。

周りの突っ込みを朗らかにかわしながら淹れ続け、飲み続けられる人は、真にお茶を楽しめる人

なのだろう。教師の彼は、毎日忙しい。忙しい男が、お茶をゆっくり楽しむ。五碗、六碗、七碗と、幸せそうな表情で茶を淹れて、楽しむ。そういう男の茶三昧《ざんまい》には遊びがある。軽《かろ》みがある。

名前のわからないそのお茶をわたしにくれた老茶人は、武夷四大名茶のひとつである「水金亀《すいきんき》」づくりの専門家ですよという話を、いつの年かは忘れたけれど、武夷山に行ったとき、だれかから聞いたような気がする。わたしはそれをすっかり忘れていたのだった。

老茶師にしてみれば、わたしの記憶を信じて、わざわざ「これは水金亀ですよ」と言わなかっただけなのかもしれない。

あのとき彼は無印の小袋三つをさりげなくわたしの手の平に載せて、さっさと姿を消してしまったのだが、今思えば、

「あなたはこの水金亀の真価がわかりますか」と、問うていたのかもしれない。

わたしはテストされていたのかもしれない。

もしもそうならば、こういうところに中国の茶人の手強さがある。

わたしは頼りない記憶にすがって、

「この岩茶は水金亀かもしれないですね」と、賑やかに、あの店のチョコレートを食べてみたいだとか、あそこのコロッケは安くておいしいとか、喋りまくっている大阪の男女に向けて推理を口にしてみたのだが、だれも聞いてはいなかった。

もっとも、わたしも味と香りから「水金亀」を導き出したわけではないので、大阪人の勝手なお喋りは一向に気にはならなかったし、むしろホッとしてもいたのである。

味覚、嗅覚の記憶は頼りないものである。しかし炭の衣の奥深くに隠された茶の味を、めげず諦めず、早々に評価を下さなかった田前さんのおかげで、めったに出会う機会のない中庸とも言える味に遭遇できたのは、収穫であった。

その次の年の夏、武夷山で老茶人にお会いしたとき、わたしは勇気を持って、いただいたお茶の名前を口にして、感想を述べた。

「淹れるのがむずかしい水金亀でした。三煎めに甘い味と繊細な苦味が現れ、春蘭のような香りも感じました。みんなでおいしくいただきました」

老茶人は破顔一笑して、

「水金亀の母樹の葉でつくったのですよ」と正体を明かしてくれたのだった。

わたしは胸を撫で下ろした。宝くじに当たったみたいに、いい気分だった。年をとるにつれ、こういう何の足しにもならないようなことが歓びを生み、幸せを味わわせてくれるものだと、しみじみ思ったものである。

「水金亀」の原木は、武夷山の、とある小さな洞に生息している。伝説によれば、宋代、武夷山を襲った大雨に流された茶の木を禅僧が見つけ、植えたのだという。水に浮かんでいた茶の木は、金色に輝いていた。その景色から、「水金亀」と命名したのだそうだ。

小さな洞に生息している「水金亀」の母樹の環境は、「不見天」の生息地とよく似ている。

「水金亀」の母樹の味には、どこか奥床しい岩韵があった。その「水金亀」は、中国茶の懐《ふところ》の深い歴史の味を、わたしたちに味わわせてくれたような気がしている。

岩韵を、武夷山の茶関係者は岩骨花香と、むずかしい説明をされるが、中国では石は地球の骨と言って、大変な価値を置いている。

石の収集家でもある知人の中国人作家に、

「古代の石に何を思うのですか」と訊いたことがある。

「地球の声が聞こえるのです。古代が語りかけてくるのです」

彼は地質学者や考古学者と同じようなことを言ったのだった。

地球の骨が醸し出す複雑な味と、花や果物のような香りを、香木のような香りを、そこはかとなく含んでいる茶が、真の岩茶である。

岩茶には、太古の岩のミネラルが奏でる複雑でかぐわしい味と香りがシンフォニーのように重層的に響き合っている魅力がなければならないという。これが岩韵。岩韵は、人の肉体と精神に良い影響をもたらす重要な味であり、香りなのだ。

岩韵が聴こえないお茶は、正しい岩茶ではない。

岩韵が何よりも重要である正岩茶の背景には、長い地球の歴史、茶の歴史、人の技術の歴史、飲む人の歴史があるのですよ、と一碗の茶は語ってくれる。

四煎めから岩茶のまろやかさをたっぷり味わわせてくれた母樹「水金亀」は、宜興の急須で淹れた。もしも白磁の大きな蓋碗（茶葉は七グラム使う）で淹れたならば、田前さんだって早々に諦め、落第点をつけていたかもしれない。白磁の大きな蓋碗は主として二煎めまでに茶葉の評価を下す品《ピン》茶《チャ》（聞き茶）用に使う茶器だからだ。

急須は、お茶をゆっくり、時間をかけて楽しむ道具である。

むろん質の悪い茶は、急須で何煎淹れても、おいしい茶に化ける芸など持ち合わせてはいないのだが……。

とにかく最後は淹れる人の腕と性格が味と香りに影響するから、お茶は怖い。そのときの自分の気持ちがお茶の味になるから、恐ろしい。が、それぱかりではない。奇跡のような幻想をもたらす第六感を刺激する味、香りが潜んでいるから、茶は手放せないのだ。

第六感は、茶の未知の扉を開け、予期せぬ幸せの境地へ連れていってくれる味と香りを引き出す、目に見えない茶道具である。わたしが大事にしている茶道具である。

その九

茶商人と日陰の女

品種の豊富さ、飲むおもしろさでは中国茶に到底及ばないけれど、日本茶の品種を大切にしつつ、新品種を発見しようと野山を歩く若い小規模茶農家たちがいる。

「おや、これは？　珍しい茶の木だぞ」

見つけた茶の木を、子どもを育てるように、五年十年かけて育ててゆく挑戦者たち。

そしていよいよ製茶。せめぎ合う期待と不安は、玉《ぎょく》の原石研《みが》きに似ていようか。

経済活動などそっちのけ、生長は流れゆく時間に任せて、誠実でひたむきな挑戦者たちの茶の味は、青春の樹が隠し持つ可能性を、飲む者に感じさせる。

若い未熟な味は、実生《みしょう》のドラマを追い求める挑戦者たちと飲む者へ、次の春を待って、と告げてもいる。

そういうお茶を体験した者のひとりとして、わたしはふと思う。

新品種、珍品種はある日忽然と、ひたむきな挑戦者の眼前に現れるのではないだろうか……と。

茶の花が大好きな昆虫が、葉の裏に隠れるように咲いている白い花の蜜を吸う。虫たちは、蜜のお礼に、雌蕊《めしべ》に雄蕊《おしべ》の花粉をつける。

中国の茶の専門家は「蕊は命」と言った。言い得て妙！　わたしはいたく納得したものである。

自然交雑がなされると、実ができる。

実はぽとりと地面に落ちる。根が伸びてゆく。やがて芽を出し、じっくりと時間をかけて、野生の茶の木は、人知れず育ってゆく。

どこかにある実生の茶樹との遭遇への期待に胸を膨らませて、当てどなく山を歩く茶師の耳に、茶の木の囁《ささや》きが、遠くからの小鳥のさえずりのように聞こえるのかもしれない。

探検家さながら山や谷を歩く茶師の目は、新種の茶樹から漂う気を特殊な色として捉えられるのかもしれない。

かつて山師《やまし》という職業があった。ペテン師や詐欺師のことではない。特別な能力を持つ鉱山師のことだ。

今は人間の目と耳の役は機械に任せられている。が、昔は山の土中深くに眠る鉱石を発見できる特殊な目を持つ山師がその役を担っていた。その目を持つ鉱山師には、山の深部から、あるいは遠くの山の稜線を這う気が見えたのだそうだ。

あるかなきかに仄めく銀色の霊気が見える。

稜線を薄紫に染める陽炎《かげろう》が見える。

山を染める気の色で、銅がある、金、銀が眠っている、とわかったのだそうだ。

新種発見に情熱を傾ける茶師の視覚に、あるいは聴覚に、鉱山師のような特殊能力が備わっているのかもしれない。それとも、ひたむきな情熱が、霊的な能力を一瞬、引き出してくれるのだろうか。

とにかく、茶師の閃《ひらめ》きには、茶の未来がある。未来の味が潜んでいる。

すでに記したわたしの親友である武夷《ぶい》山の岩茶師《がんちゃ》、劉宝順《りゅうほうじゅん》は、そういうひとりである。

彼がまだ共産党管理下の茶葉研究所所員であった二十代のとき、上からの命令で、茶王「大紅袍《だいこうほう》」の原木の枝を切った。実生ではなく、クローン「大紅袍」を育てるためだった。

彼は切った枝を携えて、武夷山三十六峰九十九岩を巡り歩いた。どこの岩に挿し木しようか、歩き続けたのだ。

わずか古木三本だけ残っている樹齢五百年の茶王の挿し木は、岩を選ばなくてはならない。彼の責任は重かった。

彼は漫然と歩いているわけではなかった。岩の肌に触った。声を掛けた。

と、あるとき、聞こえたのだそうだ。「ここに植えよ」という声が……。

幻聴かもしれない。気のせいかもしれない。しかし彼はその声に従った。やわらかい砂岩のその肌に、挿し木したのである。

二十年のときがすぎた。枝は生長し、成木になった。

ある年の春、葉を摘み、製茶して、飲んだ。原木のＤＮＡを受け継いだ、文句なくおいしい茶王の子「大紅袍」に生長していた。

しかし、どんなに上等な茶樹の葉でも、正体不明の実生の茶樹の葉でも、日光萎凋《いちょう》しなければ、茶葉の特徴は引き出せない。日本茶も中国茶も同じである。

上等な茶葉でも、個性を引き出せなければ、おいしいお茶になってはくれない。

日光萎凋は、微妙な味や高い香りを引き出す最初の重要な工程なのだ。

それは、カンがモノを言う作業である。

気＋味＋香りが、お茶の命。茶の命は、初めの日光萎凋が大きく左右する。

名もない農民の、あるエピソードがある。清朝第四代皇帝、名君と言われる康熙帝《こうきてい》（在位一六六一～一七二二）のときのことだ。

江蘇省蘇州市の西南約三十キロメートルの地に、大きな湖、太湖《たいこ》がある。

太湖に浮かぶ孤島、洞庭山《どうていざん》に、康熙帝が足を向けたある年の春のことだった。

皇帝はそこで、それまで嗅いだことのない香りに包まれた。

「この香りは、いったい何だ？」と、随行する供の者に問うた。

それは鋭い嗅覚の持ち主でなければ捉えられない、幽《かす》かな香りであった。

香りの正体は、だれもわからなかった。あたりを見回しても、花畑などない。

康熙帝一行の前方を、三人の農夫が、竹籠を背負って歩いていた。竹籠から何かの葉がパラパラ、乾いた泥の道にこぼれ落ちている。

康熙帝は約四万七千字を収めた最も権威ある字書と言われる『康熙字典』編纂者として知られる

学者皇帝だ。好奇心旺盛な皇帝は、道にこぼれ落ちている葉に近づいて、手に取ってみた。それは緑色の葉に少し白い産毛をつけた、あどけない小さな茶の葉であった。

皇帝は部下に、前方を歩いている農民を呼び止めさせた。

びっくりした農民はのろのろ戻ってきて、皇帝の近くで立ち止まった。

「籠の中の葉は茶か」

「洞庭山の茶です」立派な身なりをしているので貴人だろうとは思ったが、農民は皇帝の顔を知らない。

洞庭山は東山と西山から成り、その茶は東山の碧螺峰《へきらほう》の険しい崖に生育する野生茶で、細々と売って暮らしを立てている、と農民は言った。

「巻貝のような珍しい形の葉だな。道から良い香りがする。こんな香りの中で暮らしているおまえたちが羨ましい」

「今日は摘みすぎまして、籠からこぼれてしまいました……」こぼれた葉から香りが立っているなど気づきもしなかった農民は、キョトンとした表情で答えた。皇帝が何を言っているのか、わからなかったのだ。

「おまえたちの背中で揺られ、こすられ、道にこぼれて、光を浴びて立ち上ってくるその香りに、わたしは殺されてもいいくらいだ」

「……？」皇帝の大仰な言い方に、農民はポカンとするばかり。

「これからは茶の葉をおまえたちの家の前に散らし撒《ま》いて、日に当てて、良い香りが自然に漂ってくるまで待て。それから火入れをしなさい」

野生茶の気は強い。が、摘んですぐに加熱して茶をつくっても、おいしい茶になるとは限らない。皇帝は日光萎凋の大切さを教えたのだ。

日に当てて、葉がしなっとやわらかくなるまで萎凋すれば、みごとな茶になると見抜いた康熙帝は、その茶に「洞庭碧螺春《へきらしゅん》」という名前を与えたのだった。「洞庭山が育てた碧い巻貝のような春を告げる茶」という意味だ。

「茶の木の近くに桂、辛夷《こぶし》、桃、柑橘類など、良い香りの花が咲く木を植えなさい。茶はさらに良い香りを出してくれるだろう」と、皇帝はアドバイスをした。

農民は立派な身なりの男の教えを守り、桂や桃の木を植えた。

緑の小さな葉に、小雪のような産毛をつけた「洞庭碧螺春」は、周囲の花の香りと茶の木が共鳴し合い、さらにかぐわしい香りを孕《はら》み、歴史に残る名茶に育っていったのである。康熙帝の知恵と素直な農民の努力の結果であった。

頭がくらくらするほど精力旺盛な「洞庭碧螺春」は、今や大変高価な緑茶である。

高値で取引されるこの緑茶を栽培して現在、市場に出している茶農家や茶商人がいる。が、その茶は、洞庭山の碧螺峰の足元にも及ばない。土が違うからだ。茶の名前は盗めても、土は盗めない。真似ることもできない。

康熙帝が清王朝の名君のひとりと言われる理由は、政治に大きな影響力を持ち続けた宦官《かんがん》を雑役係に格下げし、何百年も続いた朝廷内の〝黒い権力〟を一掃したからであると言われるが、野生茶を名茶「洞庭碧螺春」に変貌させ、こんにちに残してくれたことも忘れたくはない。

紛らわしいことに、洞庭山と混同しそうな洞庭湖という巨大な湖がある。所在地は湖南省岳陽《がくよう》市。湖中に浮かぶ饅頭形の小さな山を君山《くんざん》という。別名、洞庭山とも。ますます紛らわしい。だからここでは君山に統一する。

君山に珍しい品種の茶の木がある。黄茶の仲間「君山銀針《くんざんぎんしん》」という名茶だ。湖面に嵌《は》め込まれた深緑色のエメラルドのような君山に降る光は白い。詩人李白（唐代）は「鏡の中の宝石」に喩《たと》えた。

千年の昔から神仙郷とか仙人郷とか呼ばれる道教のこの島が故郷の「君山銀針」は、光と風と水と栄養豊かな土が育てた。

清朝時代の長編小説『紅楼夢《こうろうむ》』（曹霑《そうてん》、別号曹雪芹《そうせっきん》著。一七二四？〜六三）に「老君眉《ろうくんび》」という名茶が出てくる。「老子の眉」という意味のこのお茶が「君山銀針」だという説がある。

大雨が降り、水嵩《みずかさ》が増すと船を出せない。水位が低すぎても出航しない厄介な湖、洞庭湖にぽっこり浮かぶ小さな島、君山で、名茶の因子をたっぷり持った茶の木が農民に見つけてもらえなかったならば、むろんわたしたちは飲むことはできなかった。

野生のまま生き続けたとしても、色あせ、根は力を失い、やがて朽ちていく運命にあったかもしれない。

君山で未来の名茶を発見した農民は、湖上に浮かぶ舟から、黄金《こがね》色に輝く茶の霊気を見たのだろうか。

ある年の夏、わたしはここに来て、船の出航を待っていた。暑くてたまらない。ところが、「今日は君山までは船を出せない」と言う。水位が低いから、というのが理由であった。さんざん待ったのに、待ちぼうけを食った。

仕方なく、その日は小さな港に立って、遠く君山を望んだ。洞庭湖に浮かぶ孤島は、白く霞んでいた。むろん霊気ではない。わたしにそんなものが見えるはずがない。太陽の熱で、君山が湯気でも立てていたのだろう。

「君山銀針」の新芽は緑色、葉の真ん中が微かにふっくらして、両端《りょうはし》は尖っている。製茶した葉の色は緑色と黄色を混ぜ合わせたような色、敢えて言えば、利休鼠《りきゅうねず》とでも言おうか。

飲むときは、白磁の茶碗より、透明なグラスのほうがおもしろい。茶目っ気たっぷりな茶葉の動きが楽しめるからだ。

茶葉を入れたグラスに沸騰湯をゆっくり注ぐと、茶葉は、ソレッとばかりに、一斉に水面に浮き上がる。

葉にお湯が浸透するまで、時間がかかる。五分十分、グラスとにらめっこしながら、じっと待つ。気の短い人向きではない。

数分経つと、茶葉が一枚、スーッとグラスの底を目がけて、立ち姿で下りていく。

グラスの底に到着すると、葉はポーンと、トランポリン遊びをしているように、水面目がけて飛び上がる。

飛び上がってゆく茶葉と下りてくる茶葉がすれ違うとき、「ヤァ」と声を掛け合い、挨拶を交わしているようだ。

水面上の茶葉が半分くらい下降すると、お湯の色がうっすらと黄色に染まり始める。トランポリンに飽きた茶葉は、グラスの底に行儀良く立ち並ぶ。中国の文人は、この景色を「立つこと林の如し」と表現した。

美しい竹林のような景色が、グラスの底で揺れている。

目で楽しむ。目が飲む。それから口へ。竹林をなぎ倒さないように、静かに。

一煎め、疲れた神経を醒《おこ》してくれるような刺激的な苦味。脳が覚醒する感じ。

二煎め、さっきの苦味はどこへ？　跡形もなく消えて、淡い甘味が現れる。

三煎め、味のない味。味覚テストをさせられている感じだ。

とまあ、こんな味わいの「君山銀針」を有名にしたのが、あの清朝六代皇帝、乾隆帝（在位一七三五〜九五）である。

乾隆帝サンは、龍井茶《ロンジン》のところ（その五）で触れたように、色なき色のお茶とか、味なき味のお茶が、とりわけお好きだったようだ。

贅沢皇帝の名をほしいままにしたこの皇帝は「君山銀針」にも惚れ込んで、「毎年五キログラム献上せよ」と命じたのだそうだ。

毎年の春に製茶できる分量など、はっきりはわからない。

わたしは正真正銘の「君山銀針」を中国の友人茶業者に依頼した。待つこと五年、ようやく届いた量は、わずかに四十グラムだった。

乾隆帝が命じた五キログラムは、当時の農民には、さぞ過酷だったことだろう。しかし農民の死ぬほどの苦労など構わないのが皇帝である。が、皮肉にも、乾隆帝の惚れ込みが「君山銀針」を歴史的名茶に育てたのも、事実なのだ。

乾隆帝は飲み手として、一流だった。

茶は優れた飲み手が育てる。飲み手の質が低下すれば、茶師の気は殺《そ》がれ、怠慢になる。腕は鈍り、茶の質は低下する。

手強《てごわ》い飲み手を失望させない、品質を貶《おとし》めない志の高い茶師の茶だけが、単なる商品を超えて、伝統文化への道を歩んでゆく。いわば伝統文化資格保持茶になってゆくのだ。

文化になった茶は、時間をかけて、静かに日常生活に入ってゆく。

伝統文化が生活文化と握手したとき、茶は永遠になる――。

乾隆帝は「君山銀針」を、白磁の青花《せいか》磁器蓋碗で楽しんだようだ。

中国でガラスは発達しなかった。玉《ぎょく》があったからだ。

白磁は、白玉に替わる高級品としてつくられた。

青花は、日本でいう染付《そめつけ》のこと。中国の染付は元、明代の釉薬《ゆうやく》コバルトが最上質で、アラブから中国に入ってきた貴重品であった。

中国の官窯で仕事をする陶工は、アラブからのコバルト釉薬で、青花磁器の名品を盛んにつくった。

乾隆帝は元、明朝時代に景徳鎮窯《けいとくちんよう》でつくられた青花磁器蓋碗で「君山銀針」を嗜《たしな》み、心身を覚醒させていたことだろう。

グラスで飲むと、味はどうか、香りはどうか、磁器の器とどう違うのか、わたしは実験してみた。その結果、「君山銀針」の味は、はっきりと異なったのである。

グラスで味わう「君山銀針」は、やわらかい。

磁器で飲む味は強く衝撃的で、一気に脳神経を醒《おこ》す力があるように感じた。

どうして違う味わいになるのかわからない。ガラスと土の性質の違いだろうが……。

文化を軸に、茶を語ってばかりいるわたしを笑う中国人がいる。「あんた、どういう商売をしているんだ?」という意味で、嘲笑しているらしかった。

笑う商人の力みなぎる説に反対はしない。利益を追求する茶は、国家にとっては、良い茶なのだ。大きな税収源になるからだ。

習近平体制になって、茶の価格は上昇に上昇を続けている現在、茶商人の懐《ふところ》は大きく膨らんだ。

現在、中国では、高級茶が人気を集めている。茶農家の生活も、大変に豊かになった。中国人の大好きな金《きん》を、財産として購入する茶農家が増えたと聞く。

長い間、貧困生活を余儀なくされてきた茶農家家族の生活は一変した。女性たちの身なりは、きらびやかになった。何百年も貧しい暮らしを強いられてきた女性たちは孵化《ふか》して、あでやかな蝶になり、外国へも飛んでゆく……。

しかし、蝶よ花よと言い寄られるのも束の間の夢、容姿も色あせ、侘《わび》しい暮らしを味わわされてゆく過去の女たちの時代も、また同じように長かった。

贅沢な貴族たちの陰で、そして彼らに茶を売る商人たちの贅沢放蕩三昧の陰で、涙で袖を濡らす女たちは多かった。

彼らに茶殻のように捨てられてゆく女たち。日陰の女に、もう日は当たらない。

とりわけ悲劇を味わわされていたのが、茶を売る商人の女たちであった。

茶を売り、財を成した商人の情は薄かった。

それは、唐代の茶税発生から始まっていたのである――。

唐王朝は、茶と塩に税を課した。茶税と塩税で、唐王朝の財源は豊かになった。

喫茶人口は増え、茶成金が出現した。茶で財を成した商人は、妓楼《ぎろう》で遊んだ。

貴族が寵愛《ちょうあい》する妓楼のあでやかな女たちを恨めしそうに眺めながら、茶商人は湯水の如く金を使った。

貴族にとって女の若さは、瞬く間に失われる。

若くて美しい女たちがもてはやされるのは束の間のこと、払い下げられる運命が待っている。流れてゆく先は、金持ち茶商人の妻か妾《めかけ》……。

しかしその座も、安住の地ではなかった。いつ抛《ほう》り出されるか、はらはら気が気ではない毎日だ。

抛り出されれば、その先にあるのは侘しいひとり暮らし。

ひとり暮らす侘しい女たちは、ときに琵琶の音に託して、儚《はかな》い悲しいわが身を爪弾《つまび》く――。

茶の光と影。影に生きるひとりの詩人がいた。白居易である。

皇帝憲宗（在位八〇五～二〇）に煙たがられ、江州（現在の江西省九江《きゅうこう》市）の司馬（長官の補佐官）として左遷された白居易は、失意のただ中にあった。

ある年の秋、転任で旅立つ事務官の友を、波止場まで見送りに行った。波止場は暗く、閑散としていた。

この友が旅立つと、またひとり……。見送るさびしい白居易に、どこかの船から琵琶の音が聞こえてきた。都の音だ。

琵琶の主は、元は長安の妓女《ぎじょ》。

「名をお聞かせください」

しかし返事はない。琵琶の音もやんでしまった。

白居易は何度も声を掛けた。

琵琶で顔を半分隠して、女はようやく船から姿を見せる。

琵琶は四絃、女は演奏を始めた。

失意の詩人の心境に、女が爪弾く琵琶の悲しげな音が重なった。

そして「琵琶行《こう》」（「琵琶の歌」）を書いた。白居易五十四歳のときの長詩である。


（五十四句目から）

暮《ゆうべ》は去り朝《あした》が来るままに顔色故《お》い

門前冷《う》ら落《ぶ》れて　鞍をおいた馬も稀《まれ》なり
老大嫁《ろうだいか》して商人の婦《つま》となる
商人は利を重んじて別離を軽んじ
前の年　浮梁《ふりよう》に茶を買いに去る
去来江《かわ》の口で空しき船を守れば
船を遶《めぐ》りて月は明らかに　江の水は寒し
夜深《ふ》けて　忽《たちまち》夢みるは少年《わかき》の事
夢に啼《な》いて　粧涙《しようるい》は紅くして蘭干《らんかん》たり
我《わ》れは琵琶を聞きて　已《すで》に歎息し
又　此《こ》の話を聞き　重ねて唧唧《そくそく》たり

（十四句中略）

今夜　君の琵琶の語《ご》を聞き
仙楽を聞くが如く　耳は暫《しばら》く明らかなり
辞する莫《な》かれ　更に坐して一曲を弾け
君が為に翻して琵琶の行《うた》を作らん
我がこの言に感じて　良久《ややしば》らく立ち
坐に却《かえ》りて絃を促《し》むれば　絃は転《いよい》よ急なり
凄凄《せいせい》として向前《さきごろ》の声には似ず

満座重ねて聞いて　皆泣《なみだ》を掩《おお》う
座中《ざちゅう》泣下《お》つる　誰か最も多き
江州の司馬の青衫《せいさん》湿《うるお》う

郭《くるわ》でも、わたしの美しさは、
　ほかの妓女から妬《ねた》まれるほどでした。
贅沢な暮らしが何年か続きました。
でも時間は容赦なく、わたしの美を奪ってしまい、
鞍を置き、馬に乗って訪れる貴公子はいなくなり、
年増《としま》のわたしは、茶商人の妻に成り果てました。
金が大事で、妻との別離をなんとも思わない夫は、
茶を買いに、前の年、浮梁に行ってしまいました。
夫のいないひとり寝の空しい船で、
　紅おしろいをつけた頬を涙がとめどなく流れます。
そうか、君もわたしも、この世のはじっこで、
　孤独に暮らす者同士なんだね。
さあ、もう一曲弾いておくれ。
君の琵琶は天上の仙楽のようだ。

君のために、今宵の君を詩にしよう。
心打たれた女は我に帰り、糸を締め、
　絃の調子を合わせ始めた。
琵琶の音は、さっきの音とは異なり、
　どこか凄みがあった。
わたしは、溢れる涙を青い制服（下級官吏の服）で
　ぬぐうばかりだ――という内容である。

江西省浮梁は、乾隆帝が好んだ青花の焼きもので有名な景徳鎮のこと、近くに名茶の産地、婺源《ぶげん》がある。

妻を顧みず、茶の買い出しに出かけた茶商人は、婺源からあちらこちらへ足を延ばし、なかなか家には帰らない。

江西省は福建省の西隣の省、東は浙江《せっこう》省、北は安徽《あんき》省、西に湖北省と湖南省が、南は広東省で、名だたる茶の産地にぐるりと囲まれている。

江西省の緑茶は、周辺の有名な緑茶の陰に隠れて目立たないけれど、清少納言の『枕草子』（第二百八十段）に出てくる廬山《ろざん》の標高八百メートルあたりに生育する「廬山雲霧」、婺源の高山に生育する「天香雲翠《てんこううんすい》」、奉新県に生育する「観音《かんのん》茶」や「天工《てんこう》茶」、北宋詩人、黄庭堅《こうていけん》（一〇四五～一一〇五。北宋の詩人。号は山谷道人《さんこくどうじん》）の故郷、修水県に産する「山谷翠緑《さんこくすいりょく》」は有名で、茶葉の色も形も美し

く、味も上々だ。

男の権力と財力による栄光の中で華やかに暮らした妓楼の女たちの行く末の、ひとり暮らす侘しい姿は、権力者や茶商人の、いつしか儚く消えてゆく地位や財力の映し鏡のようだ。

ならば、茶の不易とは何だろう？

白居易はこんなふうに、茶の不易に触れている。

朝、井戸水で丹薬《たんやく》を服《の》む。
丹薬は、昼の宴会の食べものを消化してくれる。
酒で渇いた体に、深い春の一碗の茶を飲む。
毎晩坐禅して、水に映る月を見、
ときに酔って、風花をもてあそぶ。
仏教の理論は難解だ。
身は出家しなくても、茶で心は出家する。

丹薬は道士（仙人を目指す道教信者）の薬である。
丹薬で消化し切れない食べものだって、
　茶は消化してくれる。
酒で体じゅうが渇いてしまったので、茶を一杯飲む。

坐禅もしているけれど、どうも専念できない。
窮屈な仏教の修行より、茶のほうが、
　禅が求めるものを体感できるよ。
茶で感じられる心の自由は、
　禅に通じるものがあるね。

これが、中国文人の言う「茶禅一味」。茶が感じさせてくれる心の自由である。

権力や財力は、移りゆく時代の、当てにならない産物。茶禅一味は、時代に無縁の〝不易〟ということなのだろう。

茶がくれる心の自由という、ありがたい感覚――茶禅一味。

しかし植物の口を借りれば、それは良い茶に含まれているさまざまな成分の働きの結果にすぎないのですよ、と言うだろう。

悪い茶を飲めば、気分が悪くなるだけ。茶禅一味の感覚など、到底得られません、そんな心境には、到底至れません、と言うだろう。

茶を飲む――それは、茶の気、カフェイン、タンニン、テアニン、各種ビタミン、多種類のミネラル、ポリフェノールなどを摂取することで、人によっては、良薬のような効果が得られるのである。

五臓六腑を調《ととの》え、五感を研《みが》いてくれる力だってあるのだ。

血の巡りを良くし、どんどん死んでゆく細胞で体が傷まないように、新しい細胞を生む手助けもしてくれる。頭をすっきりさせてもくれる。

その力が、茶の命なのだ。

茶を飲むということは、茶の力、茶の命をいただくということにほかならない。

（その人にとっての）名茶を飲み、会話を楽しむ。ときとして肉体がふわりと宙に浮くような感覚に身を任せ、陶酔する。

心は自由を歌う。

その瞬間、人は、白居易でなくても、脱俗しているのだ。

あるＩＴ会社に勤める知人は、こんなことを言っていた。

「岩茶（福建省武夷山の烏龍茶）を飲むと、背中が大きく膨らんでいくような感覚があり、とてもいい気分になる」

長時間、前屈みの姿勢でパソコンとにらめっこしている彼は、しばらく席を離れて、岩茶を飲む。すると緊張がほぐれ、気球に乗ったみたいに体がふわふわっとなる感覚を味わう、というのである。緊張時に働いていた交感神経が休憩に入り、副交感神経が働き出すからだ。それを彼は、「背中が大きく膨らんでいくような感覚」と表現したのだろう。

茶を飲んで、穏やかな表情を取り戻す。

知らなかった自分が現れてくるような感覚を味わう。

そんなとき、「茶はスゴい！」と、だれだって驚嘆するだろう。

これが精神活動に連結する茶の肉体活動である、とわたしは思っている。

茶禅一味というむずかしい言葉を使わなくても、茶の不易は、名茶の中の成分にあり……とも言えるのではないか。

ということで、わたしたち現代人は、まだ茶の成分をご存じない白居易サンと、茶の不易について有意義な情報交換をしながら、けっこう気の合った会話くらいできそうだ。

その十

茶葉の声を聴き、重味求香《チョンウエイチウシャン》

さまざまな思想や学問をひとまとめに「諸子百家《しょしひゃっか》」という。春秋戦国時代（紀元前二二一年に秦の始皇帝が天下統一を成し遂げるまでの約五百五十年間）に生まれた。

始皇帝の天下統一以後の中国では、仏教がインドから入り、宋代に朱子学が生まれた以外、現在に至るまで、部分修正がなされたことはあっても、それらを超える、あるいは並ぶ思想、哲学は生まれていないし、他国の思想、文化を受け入れてもいない。

孔子の「儒《じゅ》」（儒学、儒教）は、中国生まれの偉大な思想のひとつだ。

孔子は鬼神（祖先の霊）を敬い、「仁《じん》と信《しん》」による政治の重要性を説いた。「仁」は、相手の立場に立って物事を考える思いやりのこと、「信」は、人が口にする言葉は信じられるものでなければいけない、という意味で使っている。

孔子は母が巫《みこ》であったらしく、葬儀を取り仕切る家に生まれたらしい。葬式があればどこへでも行く、戦国の世の旅人であった。旅する者には、さまざまな情報が入る。

孔子が故郷の魯《ろ》（現在の山東省曲阜《きょくふ》）を出発したのは三十四歳（紀元前五一七）、それから十四年間、各地を流浪しながら、当時の中心地、中原《ちゅうげん》を目指した。

秩序を整え、維持させれば、人の世は平和になる。秩序は、人が「礼」を身につければ整ってゆく。「礼」は、音楽を奏でるように行動すれば身につく。

「楽」は本来、鬼神を娯《たの》しませるものだった。当時はまだ楽譜はなく、『詩経』（孔子が編纂《へんさん》した中国最古の詩集）の詩に合わせて歌われたため、音の調和が求められた。調和は教養と密接につながっているとして、孔子は「楽」を重んじたのだった。

為政者が「仁と信」に目覚め、「礼」を学べば、秩序は整い、世は治まるという考えを、戦乱の世の旅人は強調した。旅人孔子は、勝つか負けるか、生きるか死ぬかの君主や武将たちに、「仁と信」「礼と楽」による人間管理術を説いて回ったのだった。

「儒」の思想の根幹は、戦乱の世の旅の情報と体験によって形成された。が、戦《いくさ》に明け暮れる君主や武将たちは、耳を貸す余裕などない。それでも旅人は戦のない世の中にしてほしいと、懸命に説いて回った。

耳を貸す君主がいなければ、失業同然。ただの旅人にすぎない。だが、孔子の教えに感銘を受けた三人の若者が現れた。顔回《がんかい》、子路《しろ》、子貢《しこう》だ。優秀な若者だった。三人の若者に、政治家にとって何が重要かを語りながら、中原を目指した旅人は、後年、「儒」の思想家として、多くの人に影響を与えていく。

道家《どうか》の思想は、自己と世界を関係づけながら、究極的には、天地、自然の活動を知り、それと同化して自然に帰ってゆきなさい、上から下へ流れ、最後はみないっしょ、同じになる水のように生きなさい、華やかさなどは徳を養うものではない、という教えである。それに対し、儒家の思想は、「仁と信」による理想的な人間管理法を説いたものであった。

顔回、子路、子貢を伴って旅を続けた語部《かたりべ》孔子は、「仁と信」の政治を理解し、実行できるのは、中原の強国、楚《そ》の昭王《しょうおう》しかいないという考えに至った。昭王に拝謁しようと、楚の地で四年間、待ち続けた。

楚の力の前に、陳《ちん》、呉《ご》、蔡《さい》などの小国は次々に倒れ、国は消え、民は国を失った。亡国の民は、何のために生まれてきたのかと、地獄の世を恨んだ。

亡国の民を地獄から救い出すには、思慮深い、心の大きな権力者が必要であった。その人が楚の昭王、と孔子は考えたのだった。

ところが、面会寸前で、昭王は戦死。そのとき孔子は悟った。

すべては大きな天の計らいである。努力しても、報われないことはある。それは小さな人間が理解できるものではない、と。

十四年もの長い旅に終止符を打ち、孔子は故郷へ帰る決心をした。

西から東の果てへ、再び長い道のりを歩いた。

黄土の地を吹く風は、乾いている。体は灰色に汚れ、雑草のように伸びた髭は、苦難の旅を物語っていた。ようやく故郷の土を踏んだ孔子は、長旅の疲れからか、病に臥《ふ》した。近所の老人が心配してやってきた。

「自分がいつも飲んでいる煎じ茶です。血の巡りが良くなります。飲んで、元気になってください」と、持ってきた煎じ茶（薬草茶だろう）を差し出した。すると孔子は、

「わたしはそれを飲んだことがない」と断った。

このエピソードを、孔子の身になって考えてみた。

その煎じ茶を飲んでも、治らなかったら？　最悪の場合、煎じ茶が原因ではなくても、帰らぬ人となってしまったら？

その老人は、煎じ茶が適《あ》わなくて病が悪化し、死んでしまったのではないかと悔やむだろう。それでは老人が気の毒だ。わたしは天命で死ぬのだから……。

そういう思いやりの思想（「仁」）から、孔子は煎じ茶を断ったのかもしれない。

あるいは、茶や食物には、人知を超えたある種の魔力がある。それが病を治すだなんて、「知の巨人」は認めにくいのかもしれない。「どのように死のうと、天命である」が、孔子の思想なのだから。


山東省の黄海に面した青島《チンタオ》市に、僧侶や道士の修行の場、嶗山《ろうざん》がある。

伝説によれば、秦の始皇帝の命令で、不老不死の薬を求めて徐福《じょふく》は、少年少女三千人を乗せた船で、この山の近くから出航（紀元前二一九年）した。船は紀伊の国、熊野浦に着いた。が、徐福は、不老不死の薬を発見できなかった。手ぶらで国に帰れば、殺されるのはわかっていた。それで徐福は熊野にとどまった、ということになっている。徐福は道士。嶗山は神仙の住むところ、道教の山

である。

茶がほとんどない山東省だが、嶗山に歴史の浅い緑茶、石林茶、玉林茶（通称、嶗山茶とも）がある。一九五〇年代後半、安徽《あんき》省黄山市から苗五千株を購入して、栽培を始めた。しかし失敗。めげず、次は浙江省から五万株を導入した。が、文化大革命の破壊行為で、農民は茶樹を放棄。文革が終わったとき（一九七七年）、残った茶樹はわずか二十数株だったという。

本格的に栽培が始まったのは、一九八〇年代後半になってからだ。

山東省の茶の歴史は、ついこの間始まったばかりで短いが、現在、石林茶、玉林茶は「長江以北の名茶」に指定されている。甘味と苦味のバランスがとても良い、おいしい緑茶である。

孔子の時代、山東省では薬草を煎じた茶が人びとの日常茶であったが、食べものや飲みものに関心がなかったらしい孔子でも、何か飲んでいたはず。カタブツ孔子センセイの嗜好品は、いったい何だったのだろう？

紀元前五、四世紀の老子、孔子に始まり、唐、宋代に至る間に優れた思想家、宗教家、詩人、書家、皇帝、政治家が大勢現れ、大山脈をつくった。大山脈を形成した人びとを通低音のようにつないだ横糸が、お茶であった。しかしそこに、孔子はいなかった。

顔回、子路、子貢とともに長い長い旅の往還で、茶を喫しながら語り合ったり、安堵の息をつくような場面を、わたしは見つけられなかった。

難問にぶつかったとき、茶を楽しみながら緊張をほどくひとときなどは必要なかったのだろうか。

いやいや、大の男が飲食の話を口にするなどあさましい、と孔子センセイはおっしゃりたかったのかもしれない。縛りを解く茶は秩序を乱す……？　孔子センセイはお気に召さなかったのだろう。社会の秩序建設に、やれお茶がどうの、食べものがどうの、は邪魔だったようだ。秩序破りの茶好き文化人にも、当然、興味も関心もない。つき合いにくいセンセイだ。

近所の老人が持ってきた煎じ茶を飲もうと飲まなかろうと、孔子は長命であった。紀元前四七九年、七十二歳で亡くなった。

老子の思想は「食と茶」を重んじている。命を養ぅ食を、老子は「食母《しょくぼ》」と言い、「道《タオ》」に通じる、と言っている。

悟りを説く仏教も、その点においては酷似している。仏教も、命の源の食を大切にしているからだ。

釈迦の涅槃《ねはん》図に、てんこ盛りのご飯を持った男が描かれている。

八十歳で涅槃（入滅すること）に入られるとき、さまざまな虫や動物や人間が集まってきた。絵の上部から、雲に乗った生母、摩耶夫人《まやぶにん》が近づいている。絵の中に、てんこ盛りのご飯茶碗を、両手で大事そうに持った男がいる。名は純陀《じゅんだ》。純陀が差し出したご飯をふた口食べたお釈迦さまは、下痢を起こして死んでしまったという。

もしもお釈迦さまが、純陀のご飯を食べなかったら……。

普通の人間は、死の間際に、ご飯など食べられない。なのにお釈迦さまは召し上がった。そして

釈迦の《涅槃図》には横たわる釈迦の
手前に、てんこ盛りのご飯茶碗を大事
そうに掲げた純陀が描かれている

下痢を起こして入滅された。下痢だなんて、人間らしいお釈迦さま！　でも、やはり普通の人ではない。

近所の老人が差し出した煎じ茶を「わたしはそれを飲んだことがない」と言って、飲まなかった孔子センセイ。

どちらも愛、やさしさ、思いやりの行為であると想像はできるけれど、儒教と仏教の根本を象徴しているようで、興味深い説話だ。

老子、孔子、釈迦の教えは、争いを好まぬ思想である。とりわけ「無」を説く老子の思想は、後の中国仏教に大きく影響していった。

道家（道教）と仏教は、茶を必要とした。

「道」を求める道教徒と「悟り」を求める仏教徒は、茶を飲みながら熱っぽい議論を交わした。

しかし儒教は違う。

道教と仏教は人びとの生活に取り入れられてきたが、儒教はそうならなかった。

儒教はあくまでも学問であり、為政者の人間管理法に使われ、その範囲にとどまった。その理由は、孔子の死後、漢の武帝は儒教を国教に指定し、とても窮屈な教えにしてしまい、政治家の手でどんどん都合良く歪《ゆが》められたからだ。たとえば、神あるいは霊を疎《おろそ》かにせず、人としてあるべき姿になるための努力を大切にするという考えや、はみ出し者を罰してはならないという孔子の教えは、退けられてしまったのだから……。

そして隋王朝が建国された五八一年、文帝が科挙制度を創設、儒学は官僚登用試験のためのむずかしい学問になってしまった。

科挙試験に合格するには、儒教のすべてを暗記しなければならなかった。儒学が重要にした「礼」は、出世に利用され、派閥を生んだ。儒教は出世、権力、名誉をほしがる官僚集団の学問に堕《お》ちていったのである。

ところが、武夷山（福建省北部、岩茶という烏龍茶の産地）では、道教、仏教、儒教は争うこともなく仲良く渾然《こんぜん》一体となり、悠然と時を重ね、現在も生活の中に生きている。文化大革命でも、この山は荒らされなかった。その意味においても、武夷山は中国では稀なる山、稀なる地だと言える。

この地にあるものは、山と川と茶と人間だけ。

「知者は水を楽しみ、仁者は山を楽しむ」は老子の言葉だが、この山のお茶には、飲むと陶然《とうぜん》となるナニカが、忘我の境地へ導く不思議な感覚を味わわせてくれるナニカがある。


中央政界から遠ざかり、この山で暮らした宋代の思想家がいた。儒学をさらに発展させて、新しい哲学、朱子学《しゅしがく》を大成した朱熹《しゅき》（朱子、一一三〇〜一二〇〇）である。

孔子に帰れ。

孔子を崇拝した南宋の哲学者、朱熹は、福建省尤渓《ゆうけい》県出身、亡くなったのは福建省建陽県ということになっている。が、武夷山の人は、武夷山に隣接する村、五夫鎮《ごふちん》が故郷であると言っている。

五夫鎮は蓮《はす》の花で有名なところだ。

学者で詩人でもあった朱熹は、老子には否定的だった。

江西省星子県、福建省漳州《しょうしゅう》、湖南省長沙などの知事を歴任した後、職務に就くことには消極的だった。自身の思想が官学に取り入れられ、立身出世の道具にされることを嫌った朱熹は、道教寺院（道観）の管理人を引き受けて、福建省崇安《すうあん》県（宋代、武夷山はここの一部であった）に引き籠り、学問に専念したと言われる。

道教に否定的であった朱熹が、道教寺院管理人の職を引き受けたり、武と夷の兄弟仙人が拓《ひら》いた名茶の山、武夷山に隠棲《いんせい》するなんて、ちょっと腑に落ちない身の振り方だ。が、単純に考えれば、道教寺院の管理人は毎日出勤する必要がないので、学問に専念できるという理由で引き受けたのかもしれない。隠棲の地に武夷山を選んだのは、故郷だったからかもしれない。会いたかった楚の昭王に会えず、「帰らんか、帰らんか」と呟いて中原を去り、故郷の魯へ帰った孔子のように、朱熹も故郷へ帰る道を選んだのかもしれなかった。

保身と出世が大事な都の権力者の前にあっては、この思想家も武夷山に身を隠すしかなかったのだろう。

変化に富む碧水丹山《へきすいたんざん》。碧《あお》く澄んだ水の流れる川と、丹《あか》く輝く肉のない山、骨山の武夷山は、哲学者の思索の地に適《かな》っていた。

武夷山は道教の山、仏教の山、そこへ朱熹が移り住み、儒教の山になった。

武夷山中を優雅に、ときに激しく水しぶきを上げて曲がりくねりながら流れる九曲渓《きゅうきょくけい》の五曲に、巨大な石壁、隠屏峰《いんぺいほう》がそそり立っている。その麓に、朱熹は武夷精舎《ぶいせいじゃ》（精舎は学校の意）と名づけた学問所を建て（現在は朱熹を祀る文公祠《ぶんこうし》が残っている。文公は謚号《しごう》）、ひたすら学問に励んだ。

彼を慕い教えを乞う多くの若者が、全国から集まった。彼らに講義し、ときに茶を飲みながら議論を交わした。

五曲に、大きなカマドに似た石が座っている。「茶灶《ちゃそう》」と呼ばれる。朱熹は「水中に仙翁《せんおう》、石灶《せきそう》を遺《のこ》す」と記している。彼はそこで武夷の山の茶（この時代は緑茶）を飲んだのだ。

碧い水の流れを左右に分けてデンと座っている巨石を茶室に、茶を飲む。粋《いき》な座を組んだものである。

興味深いのは、孔子を尊敬し、朱子学を大成した学者が、仙人が遺したカマドのような石が気に入って、腰を据えて、みんなで茶を飲んだことだ。朱熹は道教、仏教に批判的だったのに、茶は別扱いだったようだ。坊主憎けりゃ袈裟《けさ》まで憎い、ではないのだ。

朱熹は武夷山の強い新鮮な「気」を浴びて、都では感じられなかった気持ちの変化を実感したのかもしれない。

あるいは、普遍的な思想に根本的な矛盾はない、という柔軟な考えの大きな人物であったのかもしれない。

朱熹は、「気」の研究者でもあった。だから茶で感じたのではないか。

――この山の茶を飲むと、都にいるときより体は清々《すがすが》しく、血の巡りは、はなはだ良い。良い気が育てる茶だからだろう――。

朱熹が言う「気」とは？

まず、宇宙の本源は、永遠不変の「理《ことわり》（太極）」である。「理」は形而上のもの、異次元の存在である。これを悟るのは容易ではない。徐々にわかることである。そういうわかり方を「漸悟《ぜんご》」という。

もう一方に形而下《けいじか》の運動、言い換えれば肉体内の運動がある。そこには「陰陽」というふたつの「気」がある。

「陰陽」は「木火土金水」の五つの「気（五行）」に分かれ、この五つの「気」が、モノを具体的につくる担い手になる。

「理」と「気」は、分断して存在しているのではない。

宇宙の「理」の中で生きているわたしたち人間は、「理」から逃れては生きられない。わたしたちは、宇宙の「理」の中で生かされているイキモノなのだ。そして命は、「陽」と「陰」の「気」の正しい運動によって、維持されているのだ、と朱熹は言っている。

老子の思想に否定的であった朱熹なのに、この思想は道教的、仏教的匂いがする。

仏教によれば、仏とは宇宙の生命そのもの、わたしたちはその大生命の中で生かされている。この自覚は頭ではなく、身体的な行《ぎょう》によって得られる。宇宙の「霊気」と自己の「気」をひとつに合わせる太極拳や合気道のような古武道や茶で、自己の肉体と精神を鍛錬してゆくと、「わたし」は、「わたし」を超えた大いなる存在である宇宙の大きな生命に支えられていることを知る、と教えている。

「太極」は孔子が最初に使った言葉で、朱熹は先覚者孔子に導かれている。

具体的にモノをつくる「五行（気）」には「動」と「静」のふたつの状態がある。「気」が盛んに動いている状態を「陽」という。その状態が続いた後は、活動も自然に静かになる。この状態を「陰」という。「陽」と「陰」は交替しながら生じていく、と朱熹は言う。

これで気づいたことがある。

「陽」と「陰」の交替がうまく働いてくれなくて、体質が「陰」に傾きっ放しの人がいる。そういう人が日本茶の新茶を飲むと、胃は不快感を催し、体はますます冷える。日本茶の新茶の性は「陰」だからである。健康上、芳《かんば》しいことではない。冷え性の人は、新茶を陶磁器（ガラス製の容器、缶でも良い）の茶壺《ちゃつぼ》に入れて六カ月後に飲むのが良い。陰極まって、陽に転じているからだ。十一月に口切りの茶事を行うのは、日本茶の性質を利用した儀式である。

朱熹は「理」「陰陽」「動静」を「天命」という言葉に置き換えている。「天命」は孔子の重要な言葉だ。

孔子の言う「天命」とは、たとえば突如雷に打たれて命を落とすような出来事に遭《あ》っても、その死に方は問題ではない、その瞬間まで一生懸命に生きたか、そのことが大切なのだ、それを「天命」という、と言うのである。

朱熹が言う「天命」とは？

春夏秋冬が巡り、たくさんのモノが生まれる。

それらすべては、天の「理」によって生まれる。

だからわたしたちは、モノが生まれてくる姿を見ることができるのだ。

これ、すべて天命である、と言っている。

「死に方とは、生き方」だとか「死とは、どのように生きたかである」と、仏教の影響だろうが、死を大事に、観念的、哲学的に語る日本人はけっこう多い。そう言われると、わたしはいつも体の中がムズムズする。なぜ虫の居所が悪くなるのかしら？　正体を摑まえようと努力したが、いつも逃げられた。

孔子の「天命」は実行困難だが、死ぬまで、とにかく一生懸命に生きればいいのだ。

不思議なことだが、ずうっと敬遠していた朱熹の思想は、今のわたしには、ある種の安心感がある。なぜならば、生命の誕生を「天命」と言っているからだ。

わたしたち人間も、植物と同じように自然の一部である。「誕生」を「天命」と言うほうが、明るさがある。明るい思想のほうが、素直に、気持ち良く受け入れられる。その気持ちが、自然に生きるほうへ向かわせてくれる。

そう感じたとき、ふっとお茶が囁《ささや》いた——「誕生」の終点である「死」のベクトルに巻き込まれると、重く暗い生き方になるね、と。

現在、地球上で繰り返し起きている局地戦争、核武装、原子力発電所の事故、地球温暖化等々は、天の「理」を狂わす愚行にほかならない。生命の誕生（天命）を危うくする愚行者のエゴは、暗い世界にしか向かわせない。人は毎日誕生している。七十歳でも八十歳でも、明日は誕生日。そういう意識も含めて、「誕生」の尊さ、すばらしさに、今さらながら気づかされるのである。

老子の思想「道《タオ》」と仏教は、類似点が多いようだ。

朱熹は孔子の「儒学」を敬っていたが、老子の思想には否定的だった。が、お茶から考えると、この三つの思想、哲学の着地点は、中国の諺《ことわざ》にある「その差、雁行《がんこう》」、つまり大差ないのではないかしら。

しかし茶を禅宗、精神修行、美に結びつけてしまった日本の茶の湯や煎茶道は、お茶をむずかしくしてしまった。日本文化の独自の道とはいえ、その功罪を考えるときがきている、とわたしは思っている。

中国における道教と仏教と茶の関係は、体との関係において、必要とされているのである。とりわけ道教信者にとって、茶の恩恵は丹砂《たんさ》に匹敵し、不老長寿の仙薬であった。そして一般人には、健康を保つ必需品であった。

道士が淹れる茶は、王侯貴族を「甘露《かんろ》」と唸らせたそうだ。

古今、中国人はこぞって茶好きである。時代は遡ること唐代、ひとりの博学詩人がいた。盧仝《ろどう》である。彼は現代においてもなお、静かに人気を保っている。

この人、出自は不明、河南省の人とも河北省の人とも言われる。役人になる興味などまったくない。茶を好み、詩や書をよくし、何びとにもへつらわない自由を生きた変人だ。権力者は彼の能力をほしがったが、求められても、いつも断っていた。

そんな生活者の盧仝に、常州刺史《しし》の孟簡《もうかん》という人物が、新茶を贈った。孟簡は文人たちが集まって茶を楽しんだ境会亭《きょうかいてい》に足を運んだひとりである。

境会亭は浙江省と江蘇省の省境に跨《また》がる顧渚山《こしょざん》に、茶好きが建てた茶室。顧渚山は緑茶「紫笋茶《しじゅんちゃ》」「陽羨茶《ようせんちゃ》」の産地である。孟簡が境会亭で感動したお茶は紫笋茶なのか陽羨茶なのかは不明だが、顧渚山の茶であるのは確かで、それを盧仝に贈ったのだ。

孟簡は使いの者に新茶を持たせ、盧仝に届けさせる。餅茶《へいちゃ》（唐代の緑茶は丸い煎餅《せんべい》形に固めた固形茶なのでそう呼ぶ）は白絹の布に包まれ、白布の合わせ部分は泥印《でいいん》で密封された。泥印は時間が経つうちに泥が乾いて、乱暴に扱えばヒビが入り、壊れてしまう。少しばかりくすねるなんてできない。使者は息を殺し、慎重に扱った。

「これは皇帝に献上し、貴族や功績のあった政治家に下賜《かし》する貴重な茶だ。だれにも仕えないわたしに、なぜ？」と、ためらいながらも、茶好きの盧仝はこのときばかりは大いに喜び、その気持ちを詩「茶歌」に詠んだ。

俗客のない暮らしをしている盧仝はさっそく茶を煮て、いただくという内容が冒頭から二十句ほど綴られ、それから茶を飲む。すると体がどのように変化してゆくか、その実感を述べている。

　役人でないわたしは気楽なもので、日が高くなっても眠っている。
　そういうところへ、新茶の贈り物が届いた。
　白絹に餅茶が三百個も包まれていた。
　だれよりも早く、清明節《せいめいせつ》（現在の四月五、六日ころ）の前に新茶を味わいたい皇帝のために、草花も清明節までは花を咲かせないで、じっと我慢していたことだろう。

一椀にて喉吻《こうふん》（喉と口）潤《うるお》い、
二椀にて孤悶《こもん》が破れる。
三椀にて枯れた腸を捜し、役にも立たない文字五千巻を見つけ、
四椀にて軽汗を発し、日ごろの不平不満はみな毛孔《もうこう》から散じ、
五椀にて肌骨《きこつ》は清らかに、
六椀にて仙霊《せんれい》に通じ、
七椀めは、飲み終えないうちに、両腋《りようわき》から清風が生ずるのを覚える。
すばらしい茶を飲んで、わたしは仙人になったようで、とてもいい気分だ。

これで終われば、盧仝という人物も、ただお茶が好きな無害な男、勝手に門を閉ざして、好きに生きればいいと、わたしはぼやくところだが、詩はこう続いている。

貢茶（皇帝献上茶）を飲んで、確かに良い気分になったが、
この茶のために、どれほど多くの人びとが犠牲を払ったことか。
険しい崖から落ちて、苦しんでいる人民がいることを、皇帝はわかっているだろうか。
常州刺史の孟簡さんに、そのことをお尋ねしたい。

盧仝の矛盾。心は穏やかではない。それでも茶は手放せない。体が茶の魔力に取り憑《つ》かれている

のだから、どうすることもできない。

茶にこだわったが、盧仝は仏教徒のように求道的《ぐどう》ではない。七椀飲めば、仙人になるような効き目があると言っているが、道教信者でもない。読書の友に茶があればいいだけである。

「茶は仙に通じる」「茶は神《しん》(命)に通じる」の表現は、良い茶にはその力があるという意味。中国の茶好きに染《し》みついている感覚なのだ。

「早朝の一杯の茶は、薬売りを餓死させる」という大仰な表現もある。茶は病気を癒すばかりでなく、未病を未病のまま、体のどこかに閉じ込めてしまう効力がある、という意味の諺だ。

洛陽で、金はないけれどお茶がある生活の盧仝を、ある日、韓愈《かんゆ》(七六八〜八二四)が説得にかかった。

「君の才能が必要だ。仕官しないか」

盧仝は、やはり受けない。

韓愈、李白、杜甫、白居易の四人は、唐詩四大家と言われる。

思想家で詩人で政治家の韓愈の性格は激しく闘争的だが、面倒みがよかったらしく、彼を慕う文学者は多く、盧仝もそのひとりであった。なのに、その人の誘いを断った。本当に政治を嫌い、世に出たくないのだ。

門を閉ざし、茶と読書と詩作に明け暮れる盧仝に、しかし予期せぬ運命が待ち受けていた。それは不条理としか言いようのない事件であった。

突然政変に巻き込まれ、惨殺されてしまったのだ。八三五年の「甘露《かんろ》の変」である。

仏教では、仏の教えを不死の薬に喩《たと》えて「甘露」という。血生臭《ちなまぐさ》い陰湿な政変を「甘露の変」と言ったのだから、なんとも逆説的である。

「甘露の変」の首謀者は皇帝文宗、それを利用したのが宦官《かんがん》。性格を変えてしまう腐刑《ふけい》（生殖機能を切除される刑）を受けても、宮廷で生き抜いていく宦官は、陰湿で残酷な策略家であった。

どうして盧仝がそれに巻き込まれたのか、真相はわからない。わかっていることは、宰相王涯《おうがい》の自宅に招かれたこと。堅く閉ざしていた門をふらりと開けて、王涯の家に出かけてしまったこと。こういうのを、魔が差したというのだろうが、そのとき宦官に捕えられ、頭に釘を打ち込まれて、命を落とした。

前述の「茶歌」から、反体制的な匂いが嗅ぎ取れる。宦官には、門を閉ざしている反体制的詩人で茶人は、危険人物でしかなかったのだろう。

とまれ、聡明博識な人間でも、一生のうちには、本人にも説明できない不条理に遭うということなのだ。

「甘露の変」は、目まぐるしい、ややこしい時代に起きた政変だった。空海が入唐《にっとう》した次の年の八〇五年に、憲宗が即位する。白居易を僻地、江西省のさびしい地、江州（現九江市）へ左遷した皇帝だ。このときから、「甘露の変」の準備は始まっていたという。

宦官の力が強くなったのは、憲宗が兵力削減政策を執《と》ったからだと言われる。百年も二百年も生きたい憲宗は、不老長寿の薬、茶よりも強い金丹《きんたん》を盛んに服《の》んだ。金丹は錬金術を習得した道士だけがつくることができる高度な技術と知識が必要で、ひとつ間違えば毒薬。宦官が好い加減につくった金丹の副作用で、憲宗は堪《こら》え性がなくなり、気に入らない態度を取った側近の宦官を殺害してしまったのだ。

実は宦官の本心は、憲宗を皇帝の座から引きずり降ろすことだった。仲間が殺されたのは絶好のチャンス。この機を逃さず、宦官は憲宗の命を奪ってしまう。享年四十三であった。

その後即位したふたりの皇帝にも、宦官は茶より金丹を薦め、さんざん服ませ、死亡させている。宦官が皇帝に就かせたかったのは文宗であった。望み通り、文宗が即位した。ところが文宗は宦官に操られるのを嫌い、密かに策を練り、宦官撲滅《ぼくめつ》を考えていた。

「宮廷の庭の石榴《ざくろ》の木に甘露が降ってくるという瑞兆《ずいちょう》があった。みなで甘露を浴びよう」、これが練りに練った策略だった。文宗は石榴の木の周りに宦官を集めた。しかし文宗の策略は立ちどころにバレて、失敗。宦官の力をさらに強力にしてしまう結果を招いた。

仏の言葉で飾られた「甘露の変」は、唐王朝滅亡の跫《あしおと》が聞こえてくる事件であった。

宦官に惨殺された盧仝が慕った韓愈は、「わたしが歩きたい道は、不安定で歩きにくい道だろうが、歩くしかない」という反骨の役人であり、詩人であり、当時には珍しい無神論者であった。

韓愈にこんな詩がある。

陝西《せんせい》省の高原に建設された絢爛豪華な都、長安。

王宮、政府高官、貴族たちは、牡丹咲き乱れる北の館で贅沢に暮らし、まばゆい寺では、僧侶たちが仏典を翻訳している。
下級役人や貧しい庶民は、南の粗末な地域に押し込められている。
貴族の馬は、米を厭《いや》になるほど食っているのに、
知識があっても貧しい我れら青年は、クズ米も満足に食えない。
しかし、ある日、突然、その身分を失ったら、
あんたらはどんな顔をするだろうか。
その顔を、わたしは見たいものだ。
馬鹿な連中よ。

唐王朝滅亡が近づく嵐の中から現れた新しいタイプの詩人で政治家である韓愈の評判は、貧しい青年たちの間で高まってゆく。が、貧乏官僚の彼は、政府と衝突するたびに左遷された。最初の衝突は三十六歳のとき。過酷な税の徴収に反対した彼は、広東省陽山県に飛ばされた。二回めの衝突が、歴史を動かした。法務次官に就いた五十二歳のときである。不老長寿の薬、金丹の副作用で一命を落としたあの憲宗は、実は道教信者ではなく、熱心な仏教徒だったのだ。

憲宗は「釈迦の指の骨」なるものの供養を、宮中で盛大に行った。それを猛烈に非難した韓愈は、「仏骨《ぶっこつ》を論ずるの表《ひょう》」と言われる痛烈な上奏文《じょうそうぶん》を叩きつけたのである。空海と最澄が長安で仏教を学んでいたのは、ちょうどこのころだった。

無神論者の韓愈は、死後、西方浄土へ行くために、金銀財宝を仏に捧げる行為を批判したのだ。不老長寿を求める道教も批判した。

怒り心頭に発した憲宗は彼を死刑にしようとした。が、「優秀な男です。使い方次第で役に立ちます」と言う宰相の説得で、広東省の潮州《ちょうしゅう》へ追いやられた。

潮州の鳳凰山《ほうおうざん》には現在でも、樹齢八百五十年と言われる茶の木「宋樹《そうじゅ》（宋茶樹とも）」が、ちょっと疲れたような長い枝を持ちこたえるようにして、生きている。原種（原木）の所有者は、ひとりの農民である。聞くところによれば、原種の茶は苦くて、飲むに耐えられないらしい。しかし挿し木で育てられた「宋樹」は蜜の味があり、感じの良い烏龍茶だ。

ちなみに武夷山に、「鳳凰水仙」という名前の岩茶（烏龍茶）がある。二〇一九年の「鳳凰水仙」に、「宋樹」そっくりの蜜の味があった。その味に、わたしは中国茶に関わって二十五年めにして出会えたのである。

「鳳凰水仙」のルーツはどこ？　武夷山の在来種か、どこからか持ってきて、武夷山に植えた挿し木か、意見は割れている。が、「鳳凰水仙」のルーツは潮州鳳凰山ですよ、と蜜の味がわたしにハッキリ告げてくれた。二十五年目にして初めてお茶からもらったボーナスのような気がしている。

かくして、潮州は名茶（現在はすべて烏龍茶）の産地であるが、古《いにしえ》の長安の人にとっては、世界の果ての地であった。

八千里（四千キロメートル）の道を、韓愈は歩いて潮州へ向かった。

長安より東南三十キロメートルのところに、藍関《らんかん》という関所がある。南方への旅人を見送る者は、ここで別れなければならない。韓愈の甥、韓湘《かんしょう》が、そこまで見送った。別れ際に、甥は言った。

「馬も進めないような雪の道を歩いて行くおじさんを、わたしは夢に見たんですよ」

「わたしは、わたしの道を歩くだけだ」

「おじさんは金丹など服まないのは良くわかっておりますが、心はやるときは茶を飲んで、ゆっくりするのも、いいものですよ」

「おまえは超自然な事象を敬ったり、目に見えない造物者を真似ることができるのか」

「そんなむずかしいことは訊かないでください。わたしは気性の激しいおじさんに、茶で、ときに心を鎮めてほしいだけです」

韓湘は、後年、八仙（道教の指定する八人の仙人）のひとりになった、と中国の民間伝説にある。

韓愈の「仏骨を論ずるの表」以後、中国の仏教は衰退していった。

そして茶は仏教と離れ、土着信仰化した道教とともに、王侯貴族のみならず、民間の日常に浸透していったのである。

動物のようにしなやかな肉体を求めて、きれいな血液が五臓六腑を循環し、気を正常に巡らせて健康に生きるために、人は茶を身近に置き、老若男女、貴賤の垣根を超えて飲むようになった。

そのお茶には、製作者が求める〝重味求香《チヨンウエイチウシヤン》〟があるか。日本語で言えば〝滋味《じみ》〟があるか。言い換えれば、つくり手は耳を澄ませて茶の声を聴き、摘んだ茶葉から、複雑に重なり絡み合う茶の味と香りを引き出せたか、という意味である。

飲む者は、重味求香を確かめるように、厳しくも、楽しみながら味わう。

おいしければ、楽しい。楽しいところに人は集まり、心通い合う関係を築くことができる。そういう人たちと飲むお茶は明るく、体に良い。それが中国のお茶である。わたしが学び掴んだお茶である。

あとがき

茶は貧者の一灯と中国では言う。うつうつと気持ちが燻《くすぶ》っているとき、一匹のホタルの光が心に灯るような感覚を味わわせてくれる。それがお茶であるというのだ。

どれほど高価なお茶でも、飲んでしまえば、それでおしまい。

すてきな味、香りも、潔く消えてゆくのが、お茶。

人の真の姿はわからない。わからないということでは、お茶も同じである。人の気分は日々変わり、それが茶の味にも現れるからだ。

茶は歴史を語っている、ともわたしは思っている。茶が薬草と別れてお茶として独立したのは唐代から、と考えているが、二〇〇八年に浙江省・田螺山《でんらさん》遺跡のおよそ六千年前の地層から世界最古の茶畑と見られる遺構が発見され、日中共同研究グループは茶畑と推定したという発表があった。今から六千年も前に、人工的に茶は栽培されていたということになり、その点からでも、中国茶はカオス的様相があり、ますますわからない世界である。文化大革命以前に時間を巻き戻し、資料を頼りに、想像の味を求めなくてはならないし、文革以後は、封建時代の遺物として、茶はないがしろにされ、茶畑は荒廃してしまったからだ。

現代の茶が本格的に復活したのは、経済活動奨励政策が活発になった一九九〇年以降である。中国各地には、歴史が語る茶がたくさんある。茶農家、文化人、茶を飲む中国全土の普通の人たちが復活させたのだ。歴史に記された各種の茶の根は、その日を待つように、土中深くで生き続けた。

現在、中国経済は世界第二位、人びとは経済変動に一喜一憂する。が、しかし、経済が文化を呑み込んでいるかに見える光景は、幻想にすぎない。中国の文化はそう易々《やすやす》と潰されはしない、と中国茶とともに三十年以上ぴったりとくっついて生きてきたわたしは思っている。が、しかし……。

中国人は贋作名人でもある。美術品は美術館で本物を見ることができる。が、茶は味も香りも残らない。贋作者にとって、それは好都合だ。茶の価値は歴代の皇帝献上茶、あるいは史書にその名があれば、名茶ブランドとして高価格で売れるからだ。現在は、誠実と信頼で結ばれているつくり手と売り手のお茶しか信用できない時代になってしまった。

わたしがつき合い続けているお茶は、岩茶である。中国が経済的に貧しかったころでも、人びとは岩茶に憧れていたという。富裕者が多くなった現在、人びとは岩茶に群がっている。中には投機対象として買い占める人もいる。岩茶はほかのお茶と違い、健康維持に大いに効果があるという理由と、管理さえ万全ならば、何十年も命を失わず、茶の価値は上昇してゆく稀な烏龍茶だからだ。この現象は、裏を返せば、製作者が金に転べば贋岩茶が横行し、結果、滅びに向かうことでもある。

中国には何万人という茶製作者がいるだろう。その中には、茶は中国の歴史の象徴として捉えている人たちもいる。茶は文化であると捉えている人たちもいる。わたしは数は少ないけれど、そういう茶師、茶人とおつき合いをしてきた。彼らは誠実で礼儀正しい。そして飲む人の味覚、嗅覚を軽んじることなく、健康をも考えて、茶をつくっている。そういう人のお茶が、貧者の一灯になる力を持っている。

体に良いお茶をつくる——それは一子相伝《いっしそうでん》の仕事ではない。モノをつくる仕事は、技術だけでは不十分なのだ。そのモノが人の心を摑めるか否かが、重要なのだ。茶師の誠実さ、高い志は、茶師の資質、才能、人柄に関わることであるが、その茶師を育てるのが飲む人の誠実な批評である、とわたしは経験から学んだ。飲む人が育てた茶師の茶は、おいしい。その茶は、人を気持ちよく酔わせてくれる。

中国茶は歴史から見ても、薬効を重要視する道教と深い関係があり、源泉とすることは明らかである。だから欠けた茶碗でもいい。羽化登仙《うかとうせん》の気分を味わわせてくれるお茶ならば、さらに良い。古来、中国人はそれを求めて茶をつくり、飲んできた。茶の世界からいえば、中国人はみな道教徒である。死ぬまで元気に、健康という究極の快楽を求めて……。そこに道教思想が見える。

茶の味、香り、思想、芸術、歴史に頼りながら中国人の命の捉え方を見聞きし、考えてきた。そして大それたことに、茶の味と香りから、中国人の考え方（思想）を記してみたいと思った。わたしのこの希望を理解し、最後まで共に歩いてくださった『こころ』編集部の山本明子さんが、脱稿間際のある日、真っ白い表紙の『魯迅の言葉』（平凡社刊）を贈ってくれた。そのなかに、こんな一文があった。「中国人は（中略）道士を嫌うことはない。その理由がわかれば、中国の大半をわかったことになる」。

魯迅の短いこの言葉の内実に、拙著がほんの少しでも近づいていればと願いながら、併せて山本明子さんに、そしてさまざまな面で協力をしてくれた友人たちにお礼を申し上げます。

佐野典代

＊参考資料

『中国の茶書』布目潮渢、中村喬編訳　平凡社東洋文庫
『道教』アンリ・マスペロ著、川勝義雄訳　平凡社東洋文庫
『中国茶経』陳宗懋主編　上海文化出版社
『中国名茶図譜・緑茶編』施海根主編　上海文化出版社
『茶詩に見える中国茶文化の変遷』趙方任著　シンクシステム開発
『中国五千年』（上・下）陳舜臣著　平凡社
『茶事遍路』陳舜臣著　朝日新聞社
『朱子学と陽明学』島田虔次著　岩波新書
『朱子学』木下鉄矢著　講談社選書メチエ
『老子』蜂屋邦夫訳注　岩波文庫
『漢詩――美の在りか』松浦友久著　岩波新書
『唐詩選』（中）前野直彬注解　岩波文庫
『中国名詩選』松枝茂夫編　岩波文庫
『新唐詩選続篇』吉川幸次郎、桑原武夫著　岩波新書
『唐詩選』吉川幸次郎、小川環樹編　今鷹真、入谷仙介、筧文生、福元雅一訳　筑摩叢書
『法華経を読む』鎌田茂雄著　講談社学術文庫
『中国名茶館』左能典代著　高橋書店
『岩茶のちから――中国茶はゴマンとあるが、なぜ岩茶か？』左能典代著　文春文庫ＰＬＵＳ

佐野典代　さの ふみよ

一九四四年、静岡県生まれ。立教大学文学部卒業。出版社勤務後、世界各地の取材旅行を開始。帰国後、企画制作オフィス設立。八八年よりお茶による日中文化交流サロン「岩茶房」を主宰。著書に『ハイデラパシャの魔法』『青にまみえる』（新潮社）、『プラハの憂鬱』（講談社現代新書）、『中国名茶館』（高橋書店）、『岩茶のちから』（文春文庫ＰＬＵＳ）、『炎魔』（平凡社）などがある。二〇二〇年、左能典代から本名の佐野典代に改姓。

＊初出＝『こころ』Vol.43〜52（２０１８年６月〜２０１９年12月）

ものがたり　茶と中国の思想

三千年の歴史を茶が変えた

２０２０年３月25日　初版第１刷発行

著　者　佐野典代
装　幀　松田行正＋杉本聖士
発行者　下中美都
発行所　株式会社平凡社
〒１０１-００５１　東京都千代田区神田神保町3-29
電話　０３-３２３０-６５８３〔編集〕
０３-３２３０-６５７３〔営業〕
振替　００１８０-０-２９６３９
印刷所　株式会社東京印書館
製本所　大口製本印刷株式会社

ISBN978-4-582-83835-0
ＮＤＣ分類番号５９６・７　四六判（18・８cm）
総ページ２２４
平凡社ホームページ＝https://www.heibonsha.co.jp/
乱丁・落丁本のお取替は直接小社読者サービス係までお送りください
（送料は小社で負担します）。